LUCAS ROSENBLATT
FREDDY CHRISTANDL

Quitten

DAS COMEBACK EINER VERGESSENEN FRUCHT

FONA

Dritte Auflage 2004

www.fona.ch
Verantwortlich für das Lektorat: Léonie Haefeli-Schmid
Gestaltung Umschlag: Dora Eichenberger-Hirter, Birrwil
Gestaltung Inhalt: Ursula Mötteli, Grafikdesign, Aarau
Bildnachweis: Evelyn und Hans-Peter König, Zürich (Seite 23, alle Foodbilder); Eidg. Forschungsanstalt Wädenswil (Seiten 12, 15, 40, 41, 57, 65, 95); Verlag Landwirtschaftliche Lehrmittelzentrale, Zollikofen, «Obstsorten» (Seite 17, Ronda und Vranja); Holger Beckmann, Frauenfeld (Seiten 3, 4, 5, 20, 47, 74, 86/87); Jérôme Bischler, Schönenberg (Cover, Seiten 24/25); Beat Ernst, Basel (Seiten 10/11, 33); Robert Nöthiger, Aarau (Rezeptvignetten); Käsers-Schloss, Elfingen: Quittenbrand (Seite 23)
Textnachweis Einführung: Eidg. Forschungsanstalt Wädenswil; «Obstsorten» (Verlag Landwirtschaftliche Lehrmittelzentrale, Zollikofen); «Warenkunde Obst», Band 1 (Günther Liebster, Hädecke); «Die Quitte» (Monika Schirmer, IHW-Verlag 2000); Walter Tschümperlin, Perlen
Lithos: Neue Schwitter AG, Allschwil
Druck und Bindung: Stalling, Oldenburg

ISBN 3-03780-153-0

Inhalt

Grundrezepte

Fleischgerichte

Fischgerichte

Süße Gerichte

Desserts

Eingemachtes

Abkürzungen

EL	Esslöffel
TL	Teelöffel
dl	Deziliter
ml	Milliliter
Msp	Messersitze

Wo nicht anders vermerkt,
sind die Rezepte für 4 Personen
berechnet

Die Frucht mit den vielen Namen

Die Quitte verdankt ihren Namen botanisch-wissenschaftlich wie auch in unserem Sprachgebrauch der griechischen Stadt Kydonia, heute Chania, im Nordwesten der Insel Kreta (lateinisch: Cydonia). Der Ursprung des Namens geht wohl auf diesen Ort zurück, weil die Quitte hier erstmals in der Geschichte im Feldobstbau als Obstkultur angetroffen und von da an wissenschaftlich erfasst worden ist. Mit der ursprünglichen Herkunft hat der lateinisch-botanische Name allerdings wenig zu tun, wie wir noch erfahren werden. Die Quitte hat man quer über den Erdball gefunden, so dass sich Evolutions-Wissenschaftler und auch botanische Historiker damit wohl noch weiter beschäftigen können.

Neben der auf den Ort Kydonia zurückgehenden Bezeichnung hat die Quitte noch zahlreiche andere Namen. Immer wieder haben Aussehen, Farbe und Eigenschaften und nicht zuletzt die apfelähnliche Form (mela, melon, mala, malum) eine Rolle gespielt. Erstaunlicherweise hat die eher wichtigere birnenförmige Quitte zu keinen Wortschöpfungen geführt. Aufgrund ihres feinen weißen Flaumes wird die Frucht auch Baumwollapfel genannt. Das Wort «coton» (haarig, Baumwolle) ist in der italienischen «cotogna» enthalten. Im Spanischen ist «melocóton» ein Pfirsich. Die Quitte nennen die Spanier «membrillo», was so viel wie stämmig, Stamm oder Baum bedeutet.

Botanische Bezeichnungen

Allgemein
Cydonia oblonga
Apfelquitte
Cydonia oblonga maliformis
Birnenquitte
Cydonia oblonga piriformis
Japanische Zierquitte
Chaenomeles japonica
Chinesische Zierquitte
Chaenomeles speciosa

Alte Sprachen

Altgriechisch
Mela kydonia/melon kydonion
Vorlateinisch
Quidonea
Lateinisch
Cydonea mala/cotonea mala
Althochdeutsch
Quitina/kutina
Mittelhochdeutsch
Quiten

Geschichtliche Namen

Römer (Plinius d. Ä., 23–70)
Malum cotoneum
Karl der Große
(Landordnung Capitulare de villis, 812)
Cotonaris
Hildegard von Bingen (1098–1179)
Quotanus
Albertus Magnus (1193–1280)
Coctanus oder citonius

Synonyme

Kretischer Apfel
Kydonischer Apfel
Hesperiden-Apfel
Venus- oder Adonis-Apfel
Baumwollapfel
Schmeckbirne

Verschiedene Sprachen

Deutsch
Chüttene
Kitte
Kötte
Kütte
Kido
Quitte
Französisch
Coing, coudonnier
Englisch
Quince
Italienisch
Cotogna, mela cotogna
Spanisch
Membrillo
Portugiesisch
Marmeleiro, marmelo
Niederländisch
Kwee/Kweeper
Dänisch
Kvaede
Finnisch
Kvitteni
Schwedisch
Kvitten

Die Herkunft der Quitte

Wo die Quitte erstmals gewachsen ist, wo sie gegessen wurde und wie sie sich verbreitet hat, ist nur schwer überprüfbar. Genauso wie es fraglich ist, ob sich der Mensch von einem einzigen Fleck aus über den Erdball verteilt oder gleichzeitig an verschiedenen Orten im Rahmen der Evolution entwickelt hat. Zudem ist die Archäologie noch eine junge Wissenschaft, die immer wieder für neue Überraschungen sorgt.
Man darf davon ausgehen, dass die Quitte schon um 4000 Jahre v. Chr., also vor rund 6000 Jahren, angebaut worden ist. Als wildwachsende Frucht dürfte sie zu den ältesten Früchten überhaupt gehören. Wildformen der Quitte gibt es heute noch in verschiedenen Ländern, etwa im Kaukasus, in Armenien, Afghanistan und in Persien (Iran), wo auch die größte Sortenvielfalt zu finden ist.
Als Ursprungsgebiete werden Zentral- und Südwestasien, Transkaukasien, Kaukasus, Turkestan, Persien (Iran), Südostarabien, Kreta, Balkan, Japan sowie klimamilde Zonen in Nordamerika genannt. Die Quitten werden aber auch in Australien angebaut, wobei zu klären wäre, ob sie eingeführt worden oder dort heimisch sind. Schließlich findet man die Früchte auch in der indischen und in der chinesischen Naturheilkunde. In der Türkei gibt es sogar eine roh essbare Quitte. Es ist deshalb vermessen, Ursprung, Herkunft und Heimat einer Region zuzuteilen. Mehr als naturhistorische Spekulationen sind denn auch vielmehr die heute wichtigen Anbaugebiete von Bedeutung.

Auf allen Kontinenten anzutreffen

In anderen Ländern und auf anderen Kontinenten ist die herkömmliche wilde Quitte noch stark verbreitet. Im Balkan und in Mittelasien gedeiht zudem die roh essbare Shirin-Quitte.
Die stärkste Verbreitung haben die wilden und die kultivierten Quitten im Kaukasus. Weitere Anbaugebiete sind USA, Zentral- und Südamerika, Südafrika, West- und Mitteleuropa, ehemalige Sowjetunion, Rumänien und Bulgarien sowie Australien. Weltweit dürften etwa 200 Quittensorten angebaut werden. In West- und in Mitteleuropa ist die Sortenvielfalt sehr bescheiden geworden, rund 30 sollen es noch sein. Für den Markt von Bedeutung sind bei uns aber nur noch ein halbes Dutzend.

Die Quitte in Geschichte und Heilkunde

Von der Urzeit bis Babylon Es darf angenommen werden, dass schon die Urmenschen die Quitte kannten, auch als roh zu genießende Frucht. Bei den Ägyptern haben wir diese Frucht (noch) nicht gefunden. Hingegen beweisen die archäologischen Funde, dass sie in Babylon sehr wohl bekannt und beliebt war. Einmal mehr ist das frühgeschichtliche Kulturzentrum im «Fruchtbaren Halbmond» ein historisch nachweisbarer Ausgangspunkt. Für den weiteren Verlauf unserer Geschichte mögen sich Balkanbewohner, Türken und auch Griechen über die Ausbreitung der Quitte streiten.

Auch Moses kannte die Quitte Die Liebesäpfel in 1. Mose 30, 14–15 dürften ebenfalls Quitten gewesen sein; «Ruben fand auf dem Felde Liebesäpfel und brachte sie seiner Mutter Lea; und diese gebar daraufhin dem Jakob den fünften Sohn, den sie Issacher nannte.» Moses lebte um 1225 v. Chr.

Dank sei den alten Griechen und ihren Göttern Die alten Griechen sollen es einmal gewesen sein, welche der Quitte zu angemessener Ehre verholfen haben, einesteils mit ihrer Verehrung alles Göttlichen, andernteils mit ihren Talenten im Landbau und in der Koch- und Heilkunst, natürlich lange vor den barbarischen Türken und den primitiven Römern. So jedenfalls lautet noch heute das Eigenlob der Griechen.
Im alten Griechenland war die Quitte die heilige Frucht der Aphrodite (Venus) und galt als Symbol für Glück, Liebe, Fruchtbarkeit und ein langes Leben. Sie fand Einzug in verschiedene Göttersagen und Hochzeits-Rituale.

Der Rat des Hippokrates Die Griechen kannten die Quitte auch als Heilmittel. Der griechische Arzt und Begründer der wissenschaftlichen Heilkunde unseres Kulturgebietes (460 bis 370 v. Chr.) nutzte schleimhaltige Quittensamen als kühlendes Heilmittel auf spröde Lippen, gegen rissige Haut, bei Verbrennungen und Entzündungen, bei Durchfall, Fieber sowie für die Herstellung von Augenwasser und kosmetischen Erzeugnissen.

Die Römer Sie sollen nach Darstellung ihrer Gegner oder kämpferisch Unterlegenen ein sehr primitives Volk gewesen sein und alles, was mit Kultur, Wissenschaft und Kochkunst zu tun hatte, den besiegten Völkern, insbesondere den Griechen, gestohlen oder von diesen kopiert haben. So erging es auch der Quitte. Bei Besetzung der Insel Kreta sahen die Römer die prächtigen Quittenplantagen und brachten die köstliche Frucht umgehend ins römische Reich, wo sich ihr Anbau schnell ausbreitete.

Plinius der Ältere (23 bis 79 n. Chr.), römischer Schriftsteller und Befehlshaber der kaiserlichen Flotte in Misenum, gibt im 23. Buch der «Historia naturalis» eine ausführliche Übersicht über die Heilwirkung von Quittenzubereitungen gegen einundzwanig Leiden. Dabei werden den Quitten wahre Wunderkräfte zugesprochen: In Wein gekocht und mit Wachs aufgestrichen, sprießt auf Glatzen das Haar wieder. Der Saft der rohen Quitte ist ein gutes Mittel gegen Wassersucht, fehlende Brüste, Aftergeschwüre und Wadenkrämpfe.

Karl der Große Was die Römer den unterworfenen Völkern abnahmen, verbreitete sich schnell nicht nur im ganzen Mittelmeerraum, sondern auch nach Gallien und ins Frankenreich. Die neuen Herrscher dort taten es den Römern gleich. Bemerkenswert ist, dass kein Geringerer als Karl der Große im Jahre 812 in seiner

legendären Landordnung «Capitulare de villis» nebst vielen anderen Pflanzen den Anbau der Quitte offiziell anordnete. Spätestens seit dieser Zeit dürfte dieses Obst auch in Deutschland, in Österreich und in der Schweiz angebaut worden sein, wenn auch nicht gerade in größeren Kulturen.

Hildegard von Bingen Die Äbtissin von Bingen (1098 bis 1179) nahm die Quitte in ihre naturheilkundlichen Bücher auf. Sie empfahl sie gegen Gicht, Hautausschläge, Ekzeme, Geschwüre und Arteriosklerose. Sie schrieb: «Der Quittenbaum ist mehr kalt, er gleicht der Schlauheit, die manchmal unnütz ist, manchmal nützlich. Aber sein Holz und seine Blätter sind nicht sehr nützlich zum Gebrauch des Menschen. Hingegen ist die Frucht warm und trocken und hat eine gute Mischung in sich. Wenn sie reif ist, schadet sie roh genossen weder dem Kranken noch dem Gesunden. Gekocht oder gebraten ist sie für den Kranken und den Gesunden sehr bekömmlich. Denn wer Gicht hat, esse oft diese Frucht gekocht und gebraten, und sie unterdrückt sie in ihm so, dass diese weder seine Sinne abstumpft noch seine Glieder bricht. Und wer viel Speichel hat, esse oft diese Frucht gekocht oder gebraten, und sie trocknet ihn innerlich, so dass der Speichel in ihm vermindert wird. Aber wo es in einem Menschen Geschwüre oder Übelriechendes hat, der koche oder brate die Quitte und lege sie so mit anderen Mitteln auf die Geschwüre, und er wird geheilt werden.»

Der Baum mit den wunderschönen Blüten

Die Quitte (Cydonia vulgaris) ist wie der Apfel und die Birne ein Rosengewächs. Man kann sie als Hoch- und Halbstamm oder als Strauch ziehen. Der Baum bleibt klein und gedrungen, größer als 2 bis 3 Meter wird er kaum. Die Blätter des Fruchtbaumes sind kurzstielig, ungeteilt, ganzrandig und breit-eiförmig. Der Quittenbaum ist ein Spätblüher, nach dem Birn- und Apfelbaum. Frostschäden müssen deshalb nicht befürchtet werden. Die großen, wunderschönen weißrosa Blüten sitzen am Ende von Seitensprossen. Die Blüte hat je 5 Kelch- und Kronblätter und 15 bis 20 Staubblätter.

Aufzucht

Die Quittenbaum-Aufzucht erfolgt normalerweise in spezialisierten Baumschulen. Der Wildling wird bereits nach etwa einem Jahr auf eine Unterlage, z. B. auf Weißdorn, gepfropft. Um kleine Hochstämmchen zu bekommen, wird manchmal Rotdorn als Stammbildner, also als Zwischenstück zwischen der Wurzelunterlage und dem Edelreis, verwendet. So bekommt die ursprünglich strauchig wachsende Quitte einen geraden Stamm. Das Bäumchen trägt nach 3 bis 4 Jahre erste Früchte. Es gibt sogenannte selbstfruchtbare und vorwiegend selbstfruchtbare, aber auch sterile Sorten. Im Hausgarten können die beiden ersten Sorten einzeln gepflanzt werden, ohne dass es einen weiteren Befruchter in unmittelbarer Nähe braucht. Bei der dritten Sorte ist ein weiterer Baum anderer Sorte notwendig. Eine größere Ernte darf aber erwartet werden, wenn man gleich zwei Quittenbäume unterschiedlicher Sorte pflanzt.

Standort

Der Quittenbaum ist sehr anspruchslos. Er liebt eine geschützte, sonnige Lage bis auf 1000 m ü. M. Staunässe mag er nicht, ansonsten ist er sehr genügsam und gedeiht auch auf weniger fruchtbarem und trockenem Boden.

Quittenbaum der Sorte «Ronda», gezüchtet
durch die Eidg. Forschungsanstalt Wädenswil

Pflanzung

Einen Quittenbaum pflanzt man am besten in den Monaten Oktober/November oder März/April. Der Baum kommt bereits mit 8 bis 12 m^2 Bodenfläche aus. Das Pflanzloch sollte etwa doppelt so breit und tief ausgehoben werden, wie der Wurzelballen Umfang hat. Den Untergrund mindestens spatentief gut lockern und wenig organischen Dünger einstreuen. Zuerst einen Stützpfahl einschlagen, damit die Wurzeln nicht nachträglich verletzt werden. Wichtig: Das Bäumchen muss gleich tief eingepflanzt werden, wie es in der Baumschule gewachsen ist. Der Wurzelhals mit der Veredlungsstelle muss über der Erde sein. Einen kleinen Hügel aus gutem Humus ins Pflanzloch schaufeln, die Wurzeln gleichmäßig darauf ausbreiten. Die Erde ins Pflanzloch füllen und festtreten, damit die Wurzeln einen guten Bodenkontakt bekommen. Am Schluss eine kreisförmige Vertiefung um den Baum anbringen, welche das Gießwasser aufnehmen kann. Ausgiebig einschwemmen und in den folgenden Wochen regelmäßig gießen, allerdings nur an frostfreien Tagen. Die Versorgung mit Nährstoffen beschränkt sich auf eine Kompostgabe im Herbst. Die Baumscheibe kann mit schattenliebenden Blumen wie Fleissiges Lieschen oder Ringelblumen, Kapuzinerkresse sowie Storchenschnabel (Geranium) bepflanzt werden.

Pflege

Die Quitte soll mehr oder weniger wild wachsen können. Durch das Gewicht der Früchte werden auch lange, steile Triebe langsam nach unten gebogen. Nach einigen Jahren ist das alte, abgetragene, nun horizontale oder gar hängende Holz zu entfernen. Die jungen 1- und 2-jährigen Langtriebe müssen stehen gelassen werden. Einen Baumschnitt wie bei einem Apfel- oder Birnbaum zu machen, wäre grundfalsch. Selbstverständlich werden im Spätherbst oder im Frühling alle abgestorbenen Zweige entfernt.

Schädlinge/Krankheiten

Es gibt keine spezifischen Quittenschädlinge. Gelegentlich wird das Blattwerk durch verschiedene Raupen befallen oder durch die Grüne Apfellaus.
Auf Quittenbäumen treten je nach Standort und Witterung auch Pilzkrankheiten auf: Echter Mehltau (Podosphaera clandestina) , Blattbräune (Diplocarpon maculatum) sowie Blüten- und Zweigdürre (Monilinia linhartiana). Für Auskünfte und Beratung wende man sich an die Baumschule.

Quitten – gelb wie die Sonne

Es gibt die rundliche Apfelquitte (var. maliformis) und die häufigere längliche Birnenquitte (var. pyriformis). Speziell und ungewöhnlich ist, dass diese wunderschöne gelbe Frucht in unseren Breitengraden für den Frischverzehr nicht geeignet ist. Sie muss zudem normalerweise geschält werden. Größe und Gewicht der Frucht können stark variieren; sie kann knappe 150 Gramm oder satte 1000 Gramm auf die Waage bringen. Auf die Fruchtqualität hat dies keinen Einfluss.

Die Fruchtoberfläche ist je nach Sorte stark gerippt oder glatt. Die Fruchtschale ist meist glatt, lederig-hart, grün bis goldgelb, bei voller Reife leuchtend gelb, mit einem leichten weißgrauen, abreibbaren Flaum.

Apfelquitten haben ein mit zahlreichen Steinzellen durchsetztes knorpelig-holziges, hartes, trockenes, aber sehr aromatisches, herb-würziges Fruchtfleisch. Das Fruchtfleisch der Birnenquitten hat weniger Steinzellen und ist weicher und lieblicher im Geschmack.

Im Innern der Frucht befinden sich im pergamentartigen Kerngehäuse getrennte Fächer mit 8 bis 16 flachen rotbraunen, miteinander verklebten, in Wasser schleimig aufquellenden und bittermandelartig schmeckenden Samen.

Birnenquitte «Vranja»

Apfelquitte «Bourgeault»

Die wichtigsten Quittensorten für den Hausgarten

Ronda

Herkunft: Schweiz; 1966
Form: Birnenquitte
Frucht: rundlich, groß; grünlichgelb bis goldgelb; 250–570 g
Fruchtfleisch: gelblich, süßsäuerlich; wenig Steinzellen, intensives fruchtiges Aroma; ideal für Saftgetränke
Bemerkungen: selbstfruchtbar; neigt bei später Ernte zu Fleischbräune

Portugieser Quitte

Herkunft: unbekannt; 1611 im Katalog einer englischen Baumschule erwähnt
Form: Birnen- und Apfelquitte
Frucht: unregelmäßig, langgestreckt kegelstumpfförmig gerundet; 400 g und mehr
Fruchtfleisch: saftig, weißgelb, wird beim Kochen dunkler, rötlich
Bemerkungen: selbstfruchtbar

Riesenquitte von Leskovac

Herkunft: Serbien, 1890
Form: Apfelquitte
Frucht: sehr groß, goldgelb, oft ausgeprägte Fruchtrippen; 150–500 g; wenig befilzt
Fruchtfleisch: Fleisch verfärbt sich – im Gegensatz zu den meisten anderen Sorten – beim Kochen nicht rötlich, sondern bleibt weiß; fein, säuerlich, sehr wohlschmeckend
Bemerkungen: teilweise selbstfruchtbar

Bereczki

Herkunft: Ungarn, 1883
Form: Birnenquitte
Frucht: groß, grün bis goldgelb, schwach gerippt; wenig oder stark befilzt
Fruchtfleisch: fest, mild-aromatisch; roh gelblich, gekocht rosa; an warmem Standort hoher Zuckergehalt, saftiger und süßer als andere Sorten
Bemerkungen: selbstfruchtbar; wenig Fleischbräune

Vranja

Herkunft: Serbien; 1898
Form: Birnenquitte
Frucht: sehr groß, mittelbauchig, leicht gefurcht, grüngelb bis goldgelb, typische Rosthauben im Stielbereich; der starke Filz verliert sich bei der Reife; 250–570 g, auch bis 1000 g
Fruchtfleisch: hellgelb; sehr fest, feinkörnig; leicht süß-säuerlich, aromatisch; für alle Verwendungszwecke
Bemerkungen: selbststeril; es braucht einen zweiten Quittenbaum von anderer Sorte in der Nähe

Champion

Herkunft: USA, 1870
Form: Birnenquitte
Frucht: mittelgroß, sehr gleichmäßig, grüngelb bis goldgelb; 280–400 g
Fruchtfleisch: hellgelb; vorzüglich in Geschmack und Duft; gut lagerfähig
Bemerkungen: teilweise selbstfruchtbar; wenig Fleischbräune

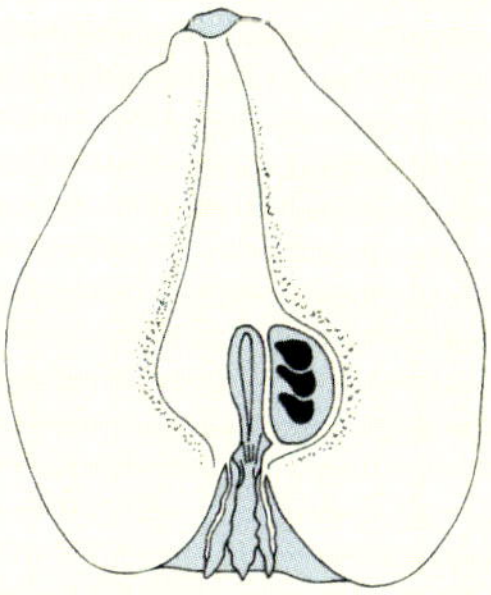

△ Ronda ▽ Portugieser Quitte

△ Bereczki ▽ Vranja

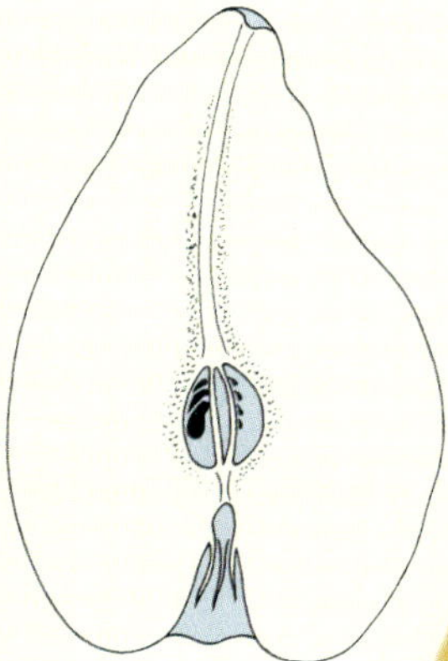

Duft und Aroma

Bezüglich Duft und Aroma darf man ohne weiteres unterschiedlicher Meinung sein. Anderseits gilt gerade bei der Quitte: was der Bauer nicht kennt, das isst er nicht. Fachleute, die sich mit der Vermarktung der Quitte befassen, sind der Ansicht, dass sich der fehlende Frischverzehr auf Absatz und Konsum negativ ausgewirkt haben. Es braucht kreative Rezepte, will man auf den «Quitten-geschmack» kommen. Und daran hat es lange gemangelt. Alte Rezepte waren nicht aufzutreiben und neue, unseren Essgewohnheiten angepasste, waren nicht zu finden.

Der Duft der Quitte ist unverwechselbar und kaum zu charakterisieren, da es im Pflanzenreich keine auch nur ähnliche Duftnote gibt. Wer den Quittenduft kennen lernen möchte, dem bleibt deshalb nichts anderes übrig, als in der freien Natur einen Quittenbaum zu suchen. Beim Quittenduft ist es ähnlich wie bei einem Parfum: entweder ist es Liebe auf den ersten Blick ... oder man geht auf Distanz.

Die Quitten entwickeln ihr wunderbares Aroma vor allem in Verbindung mit Süßstoffen und Gewürzen sowie in gebranntem Wasser und in Essig. Ein Gläschen Quittenschnaps kann ein guter Einstieg in die kulinarische Quittenwelt sein.
In Verbindung mit anderen Früchten, insbesondere mit Äpfeln und Birnen, aber auch mit Zitrusfrüchten, entstehen herrliche Duft- und Aroma-Potpourris.

Inhaltsstoffe

Die rohe Quitte ist bezüglich Inhaltsstoffen dem Apfel und der Birne ebenbürtig. Der Anteil an gewissen **Vitaminen** ist sogar größer.

Bei den Mineralstoffen ist insbesondere der Kaliumgehalt bemerkenswert. Daneben sind in Spuren alle wichtigen Biostoffe enthalten.

Der hohe Anteil an Pektin ist nicht nur ein wunderbares Geliermittel, es hat auch eine wichtige Herz- und Darmschutzfunktion. Pektine unterstützen die Entgiftung des Körpers allgemein und von radioaktiven Elementen im besonderen.

Der Gehalt an organischen Säuren und Gerbsäuren und Gerbstoffen ist wichtig. Sie wirken adstringierend (zusammenziehend) und «trainieren» schlaffe Darmmuskeln.

Der Schleim aus der Quitte und ganz besonders aus den Kernen gilt als milde, kühlende, entzündungshemmende Arznei bei Magenleiden, Halsentzündungen, Verschleimungen im Brustbereich, Harnblasen- und Harnröhrenentzündung. Er lindert auch bei Verbrennungen, Hautausschlägen und Hämorrhoiden. Quittenmus kann bei Gicht auf die schmerzenden Gelenke aufgetragen werden.

Die Quitte ist reich an **Duft- und Aromastoffen,** die für unser Wohlbefinden und unsere Gesundheit von großer Bedeutung sind.

100 g geschälte, entkernte rohe Quitten enthalten: 82,4 g Wasser, 0,6 g Eiweiß/ Enzyme, 0,3 g Fett, 16,3 g Kohlenhydrate, 2,2 g Faserstoffe, 68 kcal/285 kJ

Vitamine: 17 mg Vitamin C (20 bis 40% des Tagesbedarfs); in Spuren Vitamin A, B_1, B_2, Niacin, B_6, Folsäure, Pantothensäure, Biotin

Mineralstoffe: 440 mg Kalium; in Spuren Natrium, Kalzium, Magnesium, Phosphor, Schwefel, Chlor, Eisen, Zink, Kupfer, Mangan, Fluor, Jod

Weitere Stoffe: Gerbstoffe, Gerbsäure, organische Säuren, Pektin, Schleimstoffe, Aroma- und Duftstoffe

Erntezeit und Lagerung

Pflückreif respektive auf dem Markt zu kaufen ist die Quitte ab Anfang/Mitte Oktober. Lagerfrüchte sind bis gegen Weihnachten erhältlich. Für die Verarbeitung zu Gelee und Kompott dürfen die Früchte nicht zu reif geerntet werden, weil das Pektin zu stark abgebaut wird und keine genügende Gelierwirkung mehr vorhanden ist. Bei später Ernte tritt rasch eine Bräunung des Fruchtfleisches ein. Knapp reif geerntete Früchte lassen sich bis zwei Monate kühl (2 bis 7 °C) lagern, allerdings getrennt von anderen Früchten, weil diese durch das starke Aroma beeinträchtigt würden.

Die roh essbare, importierte Shirin-Quitte ist bei Obst- und Spezialitätenhändlern auch über unsere Quittensaison hinaus erhältlich.

Zierquitten erntet man meistens im Oktober, spätestens aber vor dem ersten Frost (die Früchte werden glasig). Im Handel sind keine Zierquitten erhältlich.

◁ Zierquitten – Scheinquitten

Namen: Japanische Scheinquitte (Chaenomeles japonica) Chinesische Scheinquitte (Chaenomeles speciosa), Feuerbusch, Rosenquitte

Form: apfel- oder birnenförmig

Frucht: oft unregelmäßig geformt; zuerst grün, später gelb; Schale glatt, teilweise fettig, ohne Flaum

Fruchtfleisch: festes, steinzellenfreies hellgelbes Fruchtfleisch

Bemerkungen: für den Frischverzehr nicht geeignet.

Inhaltsstoffe: enthalten doppelt so viel Vitamin C wie die Zitrone und 5 Mal mehr als Quitten und Äpfel. Der Anteil an organischen Säuren ist doppelt so hoch wie in den Quitten.

Heilkunde: in der traditionellen chinesischen Medizin werden frische und getrocknete Früchte vorwiegend bei Rheuma und zur Entspannung von Muskeln und Sehnen, d. h. bei Schmerzen im unteren Rücken, in den Beinen und Knien und bei Wadenkrämpfen empfohlen. Entzündungshemmend, zusammenziehend, gegen Magenkrämpfe.

Küche: Der Saft ist ein ausgezeichneter Ersatz für Zitronensaft. Zierquitten sind viel saurer als herkömmliche Quitten, sie sind aber grundsätzlich gleich verwendbar. Die Früchte müssen nicht zwingend geschält werden.

Hausapotheke

Quittensaft

Zubereitung: Die Quitten mit einem trockenen Küchentuch abreiben, dann zerkleinern und mit Schale und Kernen pressen. Oder die Quitten rundum mit einer Gabel einstechen, in einen Topf geben und knapp mit Wasser bedecken, rund 30 Minuten garen. 24 Stunden stehen lassen. Den Topfinhalt durch ein feines Tuch (Mulltuch, Gazetuch) abgießen und den Saft auffangen. Eventuell mit Apfel-, Birnen- oder Traubensaft mischen.

Anwendung: Für alle in der Volksmedizin genannten Leiden. Mundgeruch.

Quittentee (dünner Schleim)

Zubereitung: Die Quittenkerne mit frischem Wasser aufkochen, bei schwacher Hitze 5 Minuten kochen. Durch ein Teesiebchen abgießen.

Innere Anwendung: Nervosität, Schlaflosigkeit, Mundgeruch.

Quittenmus

Zubereitung: Die Quitten mit einem trockenen Küchentuch abreiben. Früchte mit Schale vierteln, entkernen und zerkleinern. Quittenstücke mit wenig Wasser zu einem Mus kochen.

Dosierung: einige Esslöffel vor jeder Mahlzeit

Innere Anwendung: Rachen- und Bronchialkatarrh, Magen- und Darmkatarrh, Durchfall, erhöhter Cholesterinspiegel

Äußere Anwendung: bei Gicht das Mus auf die schmerzenden Gelenke auftragen und mit einem kleinen Baumwolltuch zudecken.

Gurgelwasser

Zubereitung: Getrocknete Früchte so lange in frischem Wasser einlegen, bis es schleimig ist. Die Quitten entfernen.

Dosierung: Quittenwasser unverdünnt verwenden

Innere Anwendung: bei entzündetem Hals mit dem Quittenwasser mehrmals täglich gurgeln.

Quittenschleim

Zubereitung: Zerstoßene Quittenkerne (5 g) mit Wasser (1,25 dl/125 ml) erhitzen, bei schwacher Hitze zu einem dicken Schleim kochen.

Dosierung: esslöffelweise, über den Tag verteilt

Innere Anwendung: Rachen- sowie Bronchialkatarrh, bei Entzündungen in den Verdauungsorganen, zur Beruhigung des Magen-Darm-Trakts, bei Harnblasen- und Harnröhrenentzündung. Für kräftigen Haarwuchs.

Äußere Anwendung: Hautentzündungen, Wunden, Hautleiden, rissige Haut, entzündete Augen und Hämorrhoiden.

Quittenkerne

Zubereitung: Die Quittenkerne waschen, auf Pergamentpapier ausbreiten und trocknen lassen.

Dosierung: über den Tag verteilt jeweils einige Kerne lutschen.

Innere Anwendung: Halsschmerzen und Husten; die in den Kernen enthaltenen Schleimstoffe lindern die Schmerzen.

Quittenbrand

Die Birnenquitten haben naturgemäß ein fruchtigeres Aroma als Apfelquitten und sind deshalb für die Herstellung von Fruchtbrand prädestiniert. Wichtig ist zudem, dass die Früchte am Baum voll ausreifen können; so besitzen sie das beste Aroma.

Vor dem Einmaischen werden Flaum und Stiel entfernt. Aus der goldfarbigen Frucht wird nach einem speziell dafür entwickelten Destillationsverfahren ein vorzüglicher, aromareicher und typischer Fruchtbrand gewonnen. Ein Produkt der Spitzenklasse besticht durch ein fruchtiges Bouquet, einen ausgewogenen Körper sowie durch einen harmonischen, weichen Abgang. Damit die Geschmacksharmonie erreicht werden kann, bedarf es einer professionellen Alterung und Lagerung von mindestens zwei Jahren.

Küchenpraxis

Vorbereitung Es ist wichtig, dass vor der Verarbeitung der Flaum mit einem trockenen Küchentuch abgerieben wird. Die Härchen enthalten ein ätherisches Öl, das den Geruch und den Geschmack des Fruchtfleisches beeinträchtigen würde. Nach dem Abreiben die Früchte waschen, um auch noch letzte Flaumreste zu entfernen.

Garmethoden Je nach Verwendung werden die Früchte gedünstet, gedämpft, gebraten, gebacken, im Wasser oder in einem Sud/Fond gegart.

Garzeit Die Quitten haben je nach Sorte und Reifegrad eine unterschiedliche Garzeit, weshalb auf Zeitangaben verzichtet wird. Wichtig: Den Garprozess überwachen und die Früchte ab und zu probieren.

Quitten-Rezepte

400 g Quitten
1 dl/100 ml Orangensaft
1 dl/100 ml Wasser
4 Wacholderbeeren
3 schwarze Pfefferkörner, zerstoßen
1 Msp Zimtpulver

Bunter HERBSTSALAT mit Quitten an Quittendressing

Sauce
1 dl/100 ml Quittenfond
1 EL grobkörniger Senf
1 EL Himbeer- oder anderer Fruchtessig
3 EL kalt gepresstes Distelöl
30 g gegarter Buchweizen
1 EL fein gehackter Estragon

400 g gemischter Blattsalat, z. B. Nüssli-/Feldsalat, krause Endivie, Cicorino rosso/ Radicchio, Rucola, Löwenzahn
1 Hand voll Zwiebelsprossen
1 rote Zwiebel

1
Die Quitten mit einem trockenen Küchentuch abreiben und waschen. Die Früchte schälen, vierteln und entkernen. Die Fruchtviertel in Spalten schneiden.

2
Orangensaft, Wasser, Wacholderbeeren, Pfeffer und Zimtpulver aufkochen, Quittenspalten zugeben, bei schwacher Hitze weich garen, im Fond erkalten lassen. Wacholderbeeren entfernen.

3
Für die Salatsauce 1 dl/100 ml Quittenfond auf die Hälfte einreduzieren, in einer Schüssel abkühlen lassen. Senf, Essig und Distelöl unter den Fond rühren. Buchweizen und Estragon zufügen.

4
Den Blattsalat in mundgerechte Stücke zupfen oder schneiden. Die Zwiebel schälen und in sehr feine Ringe schneiden.

5
Sämtliche Zutaten mit der Sauce vermengen.

Buchweizen garen
Den Buchweizen in etwa der dreifachen Wassermenge aufkochen, dann auf der ausgeschalteten Wärmequelle zugedeckt 15 Minuten quellen lassen. Abgießen und abtropfen lassen.

2 dl/200 ml Gemüsebrühe
1 Kräutersträußchen, z. B. Petersilie, Liebstöckel, Estragon, Thymian
2 Freiland-Poularden-/Hähnchenbrüstchen, je ca. 200 g
Kräutermeersalz
frisch gemahlener Pfeffer

POULARDE auf Quitten-Pomelo-Salat

Quitten-Pomelo-Salat
3 Quitten
Kräutermeersalz
frisch gemahlener Pfeffer
1 EL Balsamico-Essig
2 EL natives Olivenöl extra
2 Pomelos oder rosa Grapefruits
1 EL Quittensirup, Seite 91

1 Bund Rucola

1

Die Gemüsebrühe mit den Kräutern in einem Topf mit Dampfaufsatz aufkochen. Die Poulardenbrüstchen mit Kräutersalz und Pfeffer würzen, in den Dampfaufsatz legen. Zugedeckt bei schwacher Hitze rund 15 Minuten garen.

2

Die Quitten mit einem trockenen Küchentuch abreiben und waschen. Die Früchte schälen, vierteln und entkernen. Die Fruchtviertel in Stäbchen schneiden. Die Quittenstäbchen in einer beschichteten Bratpfanne ohne Fett dämpfen; sie sollten noch etwas Biss haben. Mit Kräutersalz und Pfeffer würzen. Balsamico-Essig und Olivenöl darüber träufeln, etwa 10 Minuten marinieren.

3

Die Pomelos mit dem Messer großzügig schälen, auch die weiße Haut entfernen. Fruchtfilets aus den Trennhäuten schneiden, die Häute gut ausdrücken und den Saft auffangen.

4

Pompelofilets und -saft mit den Quittenstäbchen und dem Quittensirup mischen.

5

Den Salat auf Tellern anrichten. Mit der Rucola garnieren. Die Poulardenbrüstchen aufschneiden und auf dem Salat anrichten.

Abbildung
oben: Poularde auf Quitten-Pomelo-Salat,
Rezept auf dieser Seite
unten: Lauch-Quitten-Terrine mit süßsaurer Sauce,
Rezept Seite 32

Quitten-Cottage-Cheese-BURGER

1
Die Quitten mit einem trockenen Küchentuch abreiben und waschen. Früchte schälen, quer in gleichmäßig dicke Scheiben schneiden. Das Kerngehäuse mit einem Fruchtentkerner ausstechen.

2
Apfelsaft, Chilischoten, Koriander sowie Sojasauce in einer weiten Pfanne erhitzen. Die Quittenscheiben zufügen und bei schwacher Hitze weich garen, aus dem Fond nehmen.

3
Den Fond durch ein Chromstahlsieb passieren, in die Pfanne zurückgeben und auf die Hälfte einkochen. Hefepaste mit dem Himbeeressig unterrühren, mit Salz und Pfeffer abschmecken. Das Baumnussöl unterrühren.

4
Einige schöne Schnittlauchhalme und Petersilienblätter für die Garnitur beiseite legen. Die restlichen Kräuter fein schneiden respektive fein hacken, mit dem Cottage Cheese vermengen.

5
Brüsseler Endivien in die einzelnen Blätter zerlegen, die Spitzen auf etwa 10 cm kürzen.

6
Die Salatblätter strahlenförmig auf Teller legen. Quittenscheiben in die Mitte legen, immer wieder mit dem Cottage Cheese bedecken, abschließen mit einer Quittenscheibe. Mit der Kresse garnieren. Den Teller mit den restlichen Kräutern garnieren. Die Sauce über die Salatblätter träufeln.

4 Apfelquitten
2 dl/200 ml Apfelsaft
1/2 rote Chilischote, längs aufgeschnitten
4 Korianderkörner, zerstoßen
1 TL Sojasauce
1/2 cm Hefepaste aus der Tube
2 EL Himbeeressig
Kräutermeersalz
frisch gemahlener Pfeffer
4 EL kalt gepresstes Baumnuss-/Walnussöl

120 g Cottage Cheese/Hüttenkäse
Schnittlauch
glattblättrige Petersilie

2 Brüsseler Endivien/weißer Chicorée
wenig Kresse

LAUCH-QUITTEN-TERRINE
mit süßsaurer Sauce

für eine Terrinenform
von 1/2 Liter Inhalt

300 g Quitten
80 g Birnendicksaft
5 Korianderkörner
1 Zitronengrasstängel
1/2 l Wasser

1, 8 kg Lauch
1 l Gemüsebrühe
1 TL Agar-Agar-Pulver

süßsaure Sauce
2 dl/200 ml Wasser
50 g Vollrohrzucker
1/2 dl/50 ml Quittensirup, Seite 91
1 Zitronengrasstängel
1/4 rote Peperoni/Paprikaschote
1/2 rote Chilischote
2 Scheiben geschälte Ingwerwurzel
1/2 TL Agar-Agar-Pulver
1 EL Limettensaft
2 Spritzer Sojasauce

1

Die Quitten mit einem trockenen Küchentuch abreiben und waschen. Die Früchte schälen, vierteln und entkernen.

2

Birnendicksaft, Koriander, Zitronengras und Wasser aufkochen, Quittenviertel darin weich garen. Die Früchte aus dem Fond nehmen und in einem Sieb abtropfen lassen, leicht ausdrücken.

3

Möglichst gleichmäßig dicke und gerade Lauchstangen putzen, d. h. die äußeren Blätter entfernen, die Lauchstangen auf die Länge der Terrinenform kürzen. In der Gemüsebrühe weich garen, herausnehmen und abtropfen lassen.

4

2 dl/200 ml Gemüsebrühe durch ein feines Sieb passieren, mit dem Agar-Agar-Pulver unter Rühren aufkochen, 2 bis 3 Minuten köcheln lassen.

5

Die Terrinenform mit Alufolie auskleiden. Die Form bis auf halbe Höhe mit den Lauchstangen füllen, diese fortlaufend mit der gebundenen Gemüsebrühe einpinseln. Die Quittenviertel in der Mitte der Länge nach darauf legen, mit den restlichen Lauchstangen bedecken. Terrine gut zusammenpressen und den Rest der Gemüsebrühe darüber gießen. Mit der Folie zudecken. Die Terrine möglichst gleichmäßig beschweren. Auskühlen lassen.

6

Für die süßsaure Sauce sämtliche Zutaten inklusive Ingwer aufkochen, auf der ausgeschalteten Wärmequelle etwa 10 Minuten ziehen lassen. Zitronengrasstängel sowie Ingwer entfernen, Rest pürieren. Agar-Agar-Pulver unter die Sauce rühren, aufkochen, 2 bis 3 Minuten köcheln lassen. Mit Limettensaft und Sojasauce würzen.

7

Terrine stürzen, am besten mit einem elektrischen Sägemesser in Scheiben schneiden. Auf Tellern anrichten, mit wenig Meersalz bestreuen. Mit der Sauce umgießen.

Abbildung Seite 29, unten

KOKOSSÜPPCHEN
mit Scampi und Curry-Quitten

2 EL Bratbutter/Butterschmalz
2 Schalotten, fein gehackt
2 EL fein geschnittener Lauch
2–3 Champignons, feinblättrig geschnitten
2 Knoblauchzehen, fein gehackt
½ Apfel, entkernt, klein gewürfelt
gelbe Currypaste, nach Belieben
1 TL Noilly Prat
½ l Kokosnussmilch
3–4 dl/300–400 ml Hühnerbrühe
1 dl/100 g Rahm/süße Sahne
einige Korianderblättchen
200 g abgetropfte Curry-Quitten, Seite 80
wenig Limettensaft

Einlage
8 Scampi
Zitronensaft
Kräutermeersalz
frisch gemahlener weißer Pfeffer
1 EL Bratbutter/Butterschmalz

1

Schalotten, Lauch, Champignons, Knoblauch sowie Äpfel in der Bratbutter andünsten. Currypaste und Noilly Prat unterrühren, die Flüssigkeit vollständig einkochen lassen. Kokosnussmilch und Hühnerbrühe aufgießen, aufkochen, um ein Drittel einköcheln lassen. Suppe pürieren und durch ein Chromstahlsieb streichen.

2

Scampi schälen und auf 2 Holzspießchen stecken, damit sie sich beim Braten nicht verformen. Mit Zitronensaft beträufeln, einige Minuten marinieren. Scampi mit Salz und Pfeffer würzen, in der Bratbutter braten.

3

Die Kokossuppe mit dem Rahm unter Rühren aufkochen, den Koriander und die Curry-Quitten zufügen. Mit dem Limettensaft abschmecken. In vorgewärmten Tellern anrichten. Scampi von den Holzspießchen nehmen und in die Suppe legen.

Karotten-Quitten-SÜPPCHEN mit Ingwer

1

Für die Einlage die Quitten mit einem trockenen Küchentuch abreiben und waschen. Die Früchte schälen, vierteln und entkernen. Fruchtviertel in Spalten schneiden und im Apfel-Karotten-Saft weich garen.

2

Zwiebeln, Champignons, Karotten und Quitten in der Bratbutter farblos andünsten, Ingwer unterrühren, Karottensaft sowie Gemüsebrühe aufgießen, aufkochen, bei schwacher Hitze weich garen, pürieren und durch ein Chromstahlsieb streichen.

3

Die Suppe mit dem Rahm unter Rühren erhitzen, abschmecken. Den Schlagrahm unterrühren.

4

Die Quitteneinlage auf die Suppenteller verteilen, die Suppe zugießen. Mit dem fein geschnittenen Kerbel garnieren.

Abbildung oben

Einlage
200 g Quitten
1 dl/100 ml Apfelsaft naturtrüb
1 dl/100 ml Karottensaft

1 kleine Zwiebel, gehackt
4–5 mittelgroße Champignons, halbiert oder geviertelt
150 g Karotten, zerkleinert
100 g geschälte, entkernte Quitten,in Scheiben
1 TL Bratbutter/Butterschmalz
2 EL frische Ingwerwürfelchen
3 dl/300 ml Karottensaft
6 dl/600 ml Gemüsebrühe
1 Becher (1,8 dl/180 g) Rahm/süße Sahne
Kräutermeersalz
frisch gemahlener Pfeffer
2 EL Schlagrahm/-sahne
1 kleiner Bund Kerbel

EINTOPF mit Wurzeln, Hafer und Quitten

1

Die Quitten mit einem trockenen Küchentuch abreiben und waschen. Die Früchte schälen, vierteln, entkernen und in Spalten schneiden. Quitten, Birnendicksaft und Wasser aufkochen, die Früchte bissfest garen.

2

Das Wurzelgemüse in der Bratbutter andünsten, den Hafer zufügen, mit der Gemüsebrühe aufgießen, aufkochen, die Suppe bei kleiner Hitze köcheln lassen, bis das Gemüse gar und der Hafer aufgequollen ist. Nach der halben Garzeit, nach etwa 15 Minuten, den Wirz zufügen. Die Quittenspalten zugeben. Nachwürzen.

3

Tempeh in der Bratbutter rundum braten, die Sojasauce angießen, zur Suppe geben.

Abbildung unten

150 g Quitten
2 EL Birnendicksaft
2 dl/200 ml Wasser

1 EL Bratbutter/Butterschmalz
200 g Wurzelgemüse, z. B. Karotten, Pfälzer Rüben, Knollensellerie, klein gewürfelt
40 g Haferkörner
8 dl/800 ml Gemüsebrühe
50 g Wirz/Wirsing, in Streifen
Meersalz
frisch gemahlener Pfeffer

wenig Bratbutter/Butterschmalz
100 g geräucherter Tempeh, klein gewürfelt
$1^1/_2$ EL Sojasauce

CHILI-QUITTEN
auf bunten Bohnen

50 g weiße Bohnenkerne
50 g rote Bohnenkerne
200 g zarte grüne Bohnen
1 TL Bratbutter/Butterschmalz
1 Schalotte, fein gehackt
wenig Bohnenkraut
Kräutermeersalz
frisch gemahlener weißer Pfeffer

8 Cherrytomaten

Chili-Quitten
1 TL Bratbutter/Butterschmalz
100 g Zwiebeln, fein gehackt
2 Knoblauchzehen, fein gehackt
250 g rote Peperoni/Paprikaschoten
1 dl/100 ml kräftiger Rotwein
1/2 EL Rosenpaprikapulver
1 kleine rote Chilischote, in Ringen
1 Msp Chilipulver
1 Msp Kreuzkümmel, zerstoßen
1 TL Honig
1 TL Balsamico-Essig
4 dl/400 ml Gemüsebrühe
frisch gemahlener weißer Pfeffer
250 g abgetropfte Chili-Quitten, Seite 80

1
Weiße und rote Bohnen über Nacht getrennt in kaltem Wasser einlegen. Wasser am nächsten Tag weggießen. Bohnen getrennt in reichlich frischem Wasser in 50 bis 60 Minuten weich garen. Abgießen.

2
Die grünen Bohnen putzen und im Dampf knackig garen.

3
Für die Chili-Quitten Zwiebeln, Knoblauch und Peperoni in der Bratbutter andünsten, den Rotwein angießen, die Flüssigkeit vollständig einkochen lassen. Gewürze, Honig und Balsamico-Essig zugeben, Gemüsebrühe aufgießen, aufkochen, bei schwacher Hitze kochen, bis die Peperoni weich sind. Mit dem Stabmixer kurz aufmixen, abschmecken. Chili-Quitten zugeben, aufkochen und einige Minuten zugedeckt ziehen lassen.

4
Für die bunten Bohnen die Schalotten in der Bratbutter farblos andünsten, die roten und die weißen Bohnen zugeben. Mit Bohnenkraut, Kräutersalz und Pfeffer abschmecken.

5
Bohnengericht auf vorgewärmten Tellern anrichten, die Chili-Quitten mit der Sauce darauf anrichten, mit den grünen Bohnen und den halbierten Cherrytomaten garnieren.

Tipp
Mit Tortillas-Chips oder warmen Tortillas servieren.

500 g Schwarzwurzeln
1 dl/100 ml Milch
500 g Quitten
1 TL Bratbutter/Butterschmalz
1/2 dl/50 ml trockener Weißwein
1 TL Birnendicksaft
Kräutermeersalz
frisch gemahlener Pfeffer

Quitten-Schwarzwurzel-GEMÜSE auf roter Sauce

Sauce
1 TL Bratbutter/Butterschmalz
80 g Schalotten, fein gehackt
300 g rohe Randen/Rote Bete
150 g Quitten
4 dl/400 ml Quittenfond, Seite 90
1/2 dl/50 g Rahm/süße Sahne
Kräutermeersalz
frisch gemahlener Pfeffer

1

Für die Sauce Randen schälen und in kleine Würfel schneiden. Die Quitten mit einem trockenen Küchentuch abreiben und waschen. Die Früchte schälen, vierteln und entkernen, die Viertel in Spalten schneiden. Schalotten in der Bratbutter andünsten, Quitten und Randen zufügen und mitdünsten, den Quittenfond aufgießen, aufkochen, bei schwacher Hitze weich garen. Die Sauce pürieren und durch ein Sieb passieren.

2

Die Schwarzwurzeln schälen, schräg in etwa 5 cm lange Stücke schneiden. Sofort verarbeiten, damit sie sich nicht braun verfärben können. Die Milch mit reichlich Salzwasser erhitzen. Die Schwarzwurzeln zufügen und knackig garen. Abgießen.

3

Die Quitten mit einem trockenen Küchentuch abreiben und waschen. Die Früchte schälen, vierteln und entkernen, mit einem Wellenschnitt-Messer in Stäbchen schneiden. Die Quittenstücke in einer beschichteten Bratpfanne in der Bratbutter andünsten. Den Weißwein angießen, bei schwacher Hitze weich garen. Die Schwarzwurzeln und den Birnendicksaft zufügen, einige Minuten köcheln lassen. Mit Pfeffer und Kräutersalz abschmecken.

4

Mit der roten Sauce auf vorgewärmte Teller einen Spiegel gießen. Das Quitten-Schwarzwurzel-Gemüse darauf anrichten.

Abbildung
oben: Kartoffel-Quitten-Rösti, Rezept Seite 40
unten: Quitten-Schwarzwurzel-Gemüse auf roter Sauce, Rezept auf dieser Seite

Kartoffel-Quitten-**RÖSTI**

1

Die Quitten mit einem trockenen Küchentuch abreiben und waschen. Die Früchte schälen. Die Kartoffeln ebenfalls schälen.

2

Die Quitten und die Kartoffeln mit der Röstiraffel/dem Gemüsehobel hobeln, gut vermengen, den Rahm unterrühren. Würzen.

3

Die Bratbutter in einer beschichteten Bratpfanne erhitzen. Die Rösti zufügen und bei mittlerer Hitze langsam auf beiden Seiten knusprig braten. Eventuell 4 kleine Röstis braten.

4

Die Cashewkerne im Backofen bei starker Oberhitze bräunen.

5

Den Tofu und den Lauch in der Bratbutter andünsten, mit Kräutersalz, Pfeffer und Sojasauce würzen. Die Cashewkerne zufügen. Über die Rösti verteilen.

Abbildung Seite 39, oben

400 g Quitten
400 g mehlig kochende Kartoffeln
1 Becher (1,8 dl/180 g) Rahm/süße Sahne
Kräutermeersalz
gemahlener Koriander
frisch gemahlener Pfeffer
1 EL Bratbutter/Butterschmalz

120 g Cashewkerne
1 EL Bratbutter/Butterschmalz
200 g geräucherter Tofu, in Streifen
200 g junger Lauch, in Streifen
Kräutermeersalz
frisch gemahlener Pfeffer
Sojasauce

KICHERERBSEN
mit Quitten und Tempeh

200 g Kichererbsen
ca. 1 l Wasser
200 g geschälter fruchtiger Kürbis, grob gewürfelt

1 EL natives Olivenöl extra
2 Knoblauchzehen, fein gehackt
1 kleine Zwiebel, fein gehackt
1 kleine rote Chilischote, halbiert, in Streifchen
1 Msp zerstoßener Kreuzkümmel
200 g gemischtes Gemüse, z. B. Karotten, Pfälzer Rüben, Lauch, klein gewürfelt oder in Streifchen
2 dl/200 ml Gemüsebrühe
200 g Tomaten, entkernt und gewürfelt
Kräutermeersalz
frisch gemahlener weißer Pfeffer

wenig Bratbutter/Butterschmalz
100 g geräucherter Tempeh , klein gewürfelt
Sojasauce

200 g Chili-Quitten, Seite 80

1

Die Kichererbsen über Nacht in kaltem Wasser einlegen. Das Wasser am nächsten Tag weggießen. Die Erbsen mit einem Liter frischem Wasser aufkochen und bei schwacher Hitze weich garen. Nach etwa einer Stunde Garzeit Kürbiswürfel zufügen und weich garen, mit einem Schaumlöffel herausnehmen und pürieren. Die Erbsen abgießen.

2

Knoblauch, Zwiebeln, Chilischoten sowie Kreuzkümmel im Olivenöl andünsten, das Gemüse zufügen und mitdünsten. Die Gemüsebrühe angießen. Das Kürbispüree und die Tomaten zufügen, aufkochen, kurz köcheln lassen. Das Gemüse soll noch Biss haben. Die abgetropften Kichererbsen untermischen, aufkochen und kräftig würzen.

3

Den Tempeh in der Bratbutter rundum anbraten und mit der Sojasauce würzen.

4

Tempeh und Chili-Quitten zu den Kichererbsen geben.

Variante

Tempeh durch Tofu oder Seitan ersetzen.

REIS mit buntem Gemüse und Chili-Quitten

1 EL Bratbutter/Butterschmalz
2 Frühlingszwiebeln, in Ringen
1 Knoblauchzehe, fein gehackt
1 cm frische Ingwerwurzel, geschält, klein gewürfelt
je 50 g rote und gelbe Peperoni/Paprikaschoten
50 g Sojasprossen
1 Karotte, in feinen Streifen
1 Hand voll Kefen/Kaiserschoten, quer halbiert
300 g gekochter Naturreis
einige Spritzer Sojasauce
Kräutermeersalz
1 rote Chilischote, in Ringen
200 g Chili-Quitten, Seite 80

Frühlingszwiebeln, Knoblauch sowie Ingwer in der Brapfanne in der Bratbutter andünsten, Peperoni, Sprossen, Karotten und Kefen zufügen und mitdünsten. Reis zufügen, unter ständigem Rühren und Bewegen der Pfanne weiterdünsten/ braten. Abschmecken mit Sojasauce, Kräutersalz sowie Chilischoten abschmecken. Chili-Quitten unterrühren, erhitzen.

Tipp

Dieses Gericht kann auch mit anderen Gemüsesorten, mit Fleisch, Tofu oder Tempeh oder Seitan zubereitet werden.

Abbildung

Kartoffel-Quitten-**CURRY**

1 TL Bratbutter/Butterschmalz
1 Bund Frühlingszwiebeln
500 g fest kochende Kartoffeln

3 dl/300 ml Gemüsebrühe
1 TL gelbe Currypaste
1,5 dl/150 ml Kokosnussmilch
Kräutermeersalz
250 g abgetropfte Curry-Quitten, Seite 80
1 Limette, Saft
1 kleiner Bund Koriandergrün
4 kleine rote Chilischoten, halbiert und entkernt, in Streifen

600 g Romanesco oder Brokkoli

1

Die Frühlingszwiebeln in feine Ringe schneiden. Wenig Zwiebelgrün ebenfalls fein schneiden. Die Kartoffeln schälen und mit dem Pariserlöffel Kugeln ausstechen.

2

Zwiebeln und Zwiebelgrün in der Bratbutter farblos andünsten, Kartoffeln zufügen, mit der Gemüsebrühe aufgießen. Currypaste und Kokosnussmilch unterrühren, aufkochen, bei schwacher Hitze köcheln lassen, bis die Kartoffeln gar sind. Mit Kräutersalz abschmecken.

3

Den Romanesco oder den Brokkoli in kleine Röschen teilen, im Dampf knackig garen.

4

Die Curry-Quitten zu den Kartoffeln geben, 10 Minuten ziehen lassen, mit dem Limettensaft abschmecken.

5

Das Kartoffel-Quitten-Curry auf vorgewärmten Tellern anrichten. Garnieren mit Romanesco, Koriandergrün und Chilistreifen.

Pastinaken-Quitten-**RÖSTI** mit Gemüseklößchen

300 g Quitten
300 g Pastinaken
2 Freilandeier
80 g Hirsemehl
Kräutermeersalz
frisch gemahlener Pfeffer
1 EL fein gehackter Majoran
1 EL fein gehackte Petersilie
Bratbutter/Butterschmalz

Gemüseklößchen
250 g Wirz/Wirsing
250 g Cicorino rosso
1 Becher (1,8 dl/180 g) Rahm/süße Sahne
wenig Gemüsebrühe
1 EL Quittendicksaft, Seite 91
Kräutermeersalz

Quittenbutter
2 EL Quittendicksaft, Seite 91
wenig Gemüsebrühe
Sojasauce
20 g Butterflocken

1

Die Quitten mit einem trockenen Küchentuch abreiben und waschen. Die Früchte schälen und auf der Bircher-Rohkostreibe fein reiben. Die Pastinaken schälen und ebenfalls fein reiben. Eier sowie Hirsemehl mit den Pastinaken und den Quitten vermengen. Würzen. Die Kräuter unterrühren.

2

Aus der Quitten-Pastinaken-Masse in einer beschichteten Bratpfanne in der Bratbutter eine 2 cm hohe Rösti oder kleine Puffer braten.

3

Die äußeren Blätter beim Wirz entfernen, den Kopf in die einzelnen Blätter zerlegen, grobe Blattrippen entfernen, dann die Blätter quer in feine Streifen schneiden, unter Zugabe von wenig Wasser kurz dämpfen, Kochflüssigkeit abgießen. Die Hälfte des Rahms zufügen, bei schwacher Hitze köcheln lassen, bis das Ganze bindet. Würzen.

4

Beim Cicorino rosso die Hüllblätter entfernen. Die Köpfchen quer in feine Streifen schneiden. Das Gemüse unter Zugabe von wenig Gemüsebrühe kurz dünsten, den restlichen Rahm unterrühren, bei schwacher Hitze köcheln lassen, bis das Ganze bindet. Einen Esslöffel Quittendicksaft unterrühren. Würzen.

5

Für die Quittenbutter den Quittendicksaft mit wenig Gemüsebrühe verdünnen, mit der Sojasauce würzen, aufkochen, die Butterflocken mit dem Schneebesen unterrühren. Nicht mehr kochen.

6

Die Pastinaken-Quitten-Rösti in vier Kuchenstücke schneiden. Von den Gemüsen mit einem Esslöffel Klößchen abstechen, zur Rösti anrichten. Die Butter separat servieren.

Abbildung
oben: Knödel mit Pilzen, Wurzeln und Quitten, Rezept Seite 47
unten: Pastinaken-Quitten-Rösti mit Gemüseklößchen, Rezept auf dieser Seite

LAUBFRÖSCHE
mit Curry-Bulghur-Füllung

16 Schnittmangoldblätter

40 g Bulghur
1,5 dl/150 ml Gemüsebrühe

1 TL Bratbutter/Butterschmalz
2 EL geräucherter Tempeh, klein gewürfelt
1 TL Currypaste
4 Spritzer Sojasauce

1 EL Quitten-Meerrettich-Chutney, Seite 84
1 EL Quark

1 EL Butter
2 dl/200 ml Gemüsebrühe

Quitten-Meerrettich-Chutney, Seite 84

1

Stiele beim Schnittmangold entfernen, Blätter in kochendem Wasser kurz überwallen, abgießen, im Eiswasser (Wasser mit Eiswürfeln) abschrecken. Auf einem Küchentuch ausbreiten.

2

Die Gemüsebrühe aufkochen und über den Bulghur gießen, 20 Minuten quellen lassen.

3

Die Tempehwürfelchen in der Bratbutter knusprig braten. Die Currypaste zugeben, mit Sojasauce nachwürzen.

4

Tempeh, Quitten-Meerrettich-Chutney und Quark unter den Bulghur mischen.

5

Den Backofen auf 200 °C vorheizen.

6

Die Bulghurfüllung auf die Mangoldblätter verteilen, einwickeln. Wickel in einem Schmortopf in der Butter kurz andünsten, Gemüsebrühe zufügen. Im Ofen bei 200 °C 15 bis 20 Minuten zugedeckt schmoren lassen.

7

Die Mangoldwickel mit wenig Schmorsaft anrichten. Mit dem Quitten-Meerrettich-Chutney servieren.

Variante

Mangoldblätter durch Kohlblätter ersetzen. Laubfrösche auf gratiniertem Rahm-Mangold oder in einer Gemüsebrühe oder auf Linsen oder als Beilage zu Süßwasserfisch oder mit gedünsteten Saisonpilzen servieren.

Abbildung unten

Abbildung
oben: Tortillas-Schnecken mit mariniertem Gemüse,
Rezept Seite 46
unten: Laubfrösche mit Curry-Bulghur-Füllung,
Rezept auf dieser Seite

Gerührtes **GEMÜSE** mit Quitten auf Nudeln

200 g Tofu
1 EL Sesamöl

Marinade
2 EL klein gewürfelter Ingwer
2 durchgepresste Knoblauchzehen
2 EL Sojasauce
1 EL Gemüsebrühe

300 g Quitten
1 TL Bratbutter/Butterschmalz
8 feine Ingwerscheiben
1 TL Palmzucker
4 EL Gemüsebrühe

300 g Kefen/Kaiserschoten
$^{1}/_{2}$ Zitronengrasstängel
1 rote Chilischote
1 TL Sesamöl
1 Brüsseler Endivie/
weißer Chicorée
Kräutermeersalz
Sojasauce
1 TL gehacktes Koriandergrün

200 g feine Eiernudeln
1 großes Stück Butter

1

Tofu in 1 cm große Würfel schneiden. Die Marinade zubereiten und über den Tofu verteilen. Über Nacht marinieren.

2

Die Quitten mit einem trockenen Küchentuch abreiben und waschen. Die Früchte schälen, vierteln und entkernen, mit dem Wellenschnitt-Messer in mittelfeine Stäbchen schneiden. Die Quitten in einer beschichteten Bratpfanne in der Bratbutter andünsten, bis sie leicht Farbe angenommen haben. Die Ingwerscheiben und den Palmzucker zugeben und kurz weiterdünsten. Die Gemüsebrühe angießen, kurz weiterköcheln lassen.

3

Die Kefen putzen, längs in Streifen schneiden. Der Brüsseler Endivie die Spitze abschneiden (den Rest anderweitig verwenden). Das Zitronengras fein schneiden. Die Chilischote längs halbieren, entkernen und der Länge nach in feine Streifen schneiden.

4

Den Tofu im Sesamöl knusprig braten, Kefen und Brüsseler Endivie kurz mitbraten. Die Quitten zugeben. Würzen. Koriander untermischen.

5

Die Nudeln in reichlich Salzwasser al dente kochen, abgießen. Mit der Butter locker mischen.

6

Die Nudeln nestartig in vorgewärmten Suppentellern anrichten. Das Gemüse in die Vertiefung geben.

GEMÜSEJUS

1 EL natives Olivenöl extra
100 g Zwiebeln
100 g Karotten
100 g Knollensellerie
2–3 Knoblauchzehen
2 Tomaten, grob gewürfelt
1 EL Tomatenpüree
½ l fruchtiger Rotwein
1 EL Sojasauce
2 EL gemischte, gehackte Kräuter, z. B. Petersilienstängel, Majoran, Liebstöckel, Thymian, Bohnenkraut
2 l Gemüsebrühe

Zwiebeln, Karotten, Knollensellerie sowie Knoblauchzehen schälen, zerkleinern, im Olivenöl leicht Farbe annehmen lassen. Tomaten und -püree zufügen, kurz mitdünsten. Den Rotwein in kleinen Portionen zufügen und immer wieder einkochen lassen. Sojasauce und Kräuter zufügen. Mit der Gemüsebrühe aufgießen, bei schwacher Hitze rund 2 Stunden kochen. Jus durch ein Chromstahlsieb (Spitzsieb) passieren.

Tipp

Der Gemüsejus ist im Kühlschrank einige Tage haltbar. Er eignet sich auch zum Tiefkühlen.

GEMÜSEBRÜHE

100 g Zwiebeln
100 g Karotten
100 g Knollensellerie
100 g Pastinaken
100 g Lauch
2–3 Knoblauchzehen
1 kleines Stück Ingwerwurzel
1 Zitronengrasstängel
Koriander, Petersilienstängel, Majoran, Liebstöckel, Thymian, Bohnenkraut

1

Zwiebel mit Schale halbieren. Karotten, Sellerie, Pastinaken, Lauch und Knoblauchzehen schälen und zerkleinern.

2

Gemüse in einen großen Kochtopf geben, 2 Liter Wasser aufgießen, aufkochen, die Gemüsebrühe bei schwacher Hitze 2 Stunden kochen. Während der letzten 30 Minuten Gewürze und Kräuter mitkochen. Topfinhalt durch ein Sieb passieren. Die Brühe auffangen.

Aufbewahren

Die Gemüsebrühe hält sich im Kühlschrank 3 bis 4 Tage frisch. Sie kann auch portionsweise tiefgekühlt werden.

Verwendung

Immer dann verwenden, wenn das Rezept Gemüsebrühe vorschreibt.

Klarer GEFLÜGELFOND

1 Suppenhuhn oder
500 g Geflügelknochen
200 g Kalbsfuß, zerkleinert
1 kleine Zwiebel
100 g Lauch
100 g Knollensellerie
1 Lorbeerblatt
20 g Ingwerwurzel
1/2 Zitronengrasstängel

1

Das Suppenhuhn zerlegen oder die Knochen zerkleinern, in einen großen Kochtopf geben und mit Wasser bedecken, aufkochen, in ein Sieb abgießen und mit kaltem Wasser überbrausen.

2

Zwiebel, Lauch und Knollensellerie putzen/schälen und zerkleinern. Den Ingwer schälen und klein würfeln.

3

Die Suppenhuhnteile respektive die Knochen zusammen mit den übrigen Zutaten in den Kochtopf geben. Mit rund 2 l Wasser aufgießen, aufkochen. Bei kleiner Hitze 2 bis 3 Stunden köcheln lassen. Immer wieder abschäumen. Den Topfinhalt durch ein feines Tuch oder ein Sieb passieren. Den Fond erkalten lassen und dann kühl stellen. Nun kann die harte Fettschicht problemlos entfernt werden.

Aufbewahren

Hält sich im Kühlschrank 3 bis 4 Tage frisch. Kann auch portionsweise tiefgekühlt werden.

Klarer KALBSFOND

900 g zerkleinerte Kalbsknochen
1 kleine Zwiebel
100 g Lauch
100 g Knollensellerie
1 Lorbeerblatt
1/2 Zitronengrasstängel

Zubereitung

siehe Geflügelfond

KALBFLEISCHRÖLLCHEN
mit Quittensauce

16 große Spinatblätter
4 dünne Kalbfleischscheiben, je ca. 80 g
Kräutermeersalz
frisch gemahlener Pfeffer
wenig Bratbutter/Butterschmalz

1,5 dl/150 ml Gemüsebrühe
40 g Bulghur
1 TL Bratbutter/Butterschmalz
1 Quitte, klein gewürfelt, als Kompott, Seite 88
2 EL fein geschnittener Lauch
1 EL fein gehackte Petersilie und Thymian
1 EL geriebener Parmesan
1 Scheibe Roggenbrot, klein gewürfelt
1 EL Quark
Kräutermeersalz
frisch gemahlener Pfeffer
wenig Cayennepfeffer

Sauce
1 Schalotte, fein gehackt
$^{1}/_{2}$ dl/50 ml trockener Weißwein
4 weiße Pfefferkörner, zerstoßen
1 dl/100 ml Quittensirup, Seite 91
$^{1}/_{2}$ dl/50 ml Bratenjus
1 TL Balsamico-Essig

1 dl/100 ml trockener Weißwein
1 Quitte, klein gewürfelt
20 g Butterflocken

1
Die Spinatblätter in kochendem Wasser überwallen, im Eiswasser (Wasser mit einigen Eiswürfeln) abschrecken. Die Blätter auf einem Küchentuch ausbreiten.

2
Für die Füllung die Gemüsebrühe mit dem Bulghur aufkochen, auf der ausgeschalteten Wärmequelle zugedeckt 20 Minuten quellen lassen.

3
Die abgetropften Quittenwürfelchen (Kompott) in der Butter andünsten, den Lauch mitdünsten, zusammen mit Kräutern, Parmesan, Brotwürfelchen und Quark unter den Bulghur mischen. Würzen.

4
Die Kalbfleischscheiben hauchdünn klopfen. Würzen. Mit den Spinatblättern belegen. Die Bulghurmasse darauf verteilen. Einrollen, mit Zahnstochern fixieren.

5
Für die Sauce Schalotten, zerstoßenen Pfeffer und Weißwein fast vollständig einkochen lassen. Den Quittensirup zugeben und auf die Hälfte einkochen lassen. Durch ein feines Chromstahlsieb passieren. Jus zusammen mit Bratenjus, Quittenwürfelchen und Balsamico-Essig aufkochen. Einige Minuten köcheln lassen.

6
Die Kalbfleischröllchen in der Bratbutter rundum langsam braten. Warm stellen.

7
Den Bratensatz mit dem Weißwein auflösen. Die Quittensauce zugeben, nochmals erhitzen.

8
Mit der Sauce auf vorgewärmten Tellern einen Spiegel gießen. Die Kalbfleischröllchen aufschneiden und darauf anrichten.

9
Mit gedämpftem Brokkoli oder Lauch servieren.

SCHMORBRATEN vom Rind mit Pflaumen und Quitten

ca. 600 g Rinderschulter aus Biohaltung
Kräutermeersalz
frisch gemahlener weißer Pfeffer
Bratbutter/Butterschmalz
100 g Kalbsfuß, grob gehackt
100 g Mischgemüse, z. B. Karotten, Knollensellerie, Lauch, Kohlrabi, Kabis/Kohl
1 mittelgroße Tomate, gewürfelt
1 EL Tomatenpüree
4 dl/400 ml Gemüsebrühe
7 dl/700 ml kräftiger Rotwein

60 g Trockenpflaumen, entsteint, in Streifen
150 g Quittenspalten, als Kompott, Seite 88
wenig Butter
wenig Thymian

1

Den Backofen auf 180 °C vorheizen.

2

Das Fleisch mit Salz und Pfeffer würzen. Das Fleisch mit den Knochen in der Bratbutter in einem Brattopf langsam anbraten. Gemüse, Tomaten und Tomatenpüree zugeben, bei kleiner Hitze zugedeckt Farbe annehmen lassen. Immer wieder etwas Gemüsebrühe angießen, damit das Gemüse nicht anbrennt. Den Rotwein und die restliche Gemüsebrühe angießen. Den Braten im vorgeheizten Backofen zugedeckt weiterschmoren, rund 40 Minuten. Das Fleisch aus dem Topf nehmen und warm stellen. Den Bratenjus passieren, eventuell etwas einkochen lassen.

3

Die Pflaumen und die Quitten mit einem kleinen Stück Butter erwärmen, die gezupften Thymianblättchen untermischen, nach Belieben nachwürzen.

4

Den Braten in Scheiben schneiden, auf Tellern anrichten. Mit Sauce umgießen. Mit Quitten und Pflaumen garnieren.

LAMMFLEISCH mit roter Currysauce und Curry-Quitten

600 g Lammschulter
Kräutermeersalz
wenig Bratbutter/Butterschmalz
ca. 3 EL rote Currypaste
600 g ungesüßte Kokosmilch
3 dl/300 ml klarer Geflügelfond, Seite 53
30 g Palmzucker
200 g Curry-Quitten, Seite 80
Kräutermeersalz
6 frische Kaffir-Limettenblätter, in feinen Streifen
1 Zweig frischer Koriander, fein gehackt

1

Das Lammfleisch in etwa 1 cm breite Streifen schneiden, mit Kräutersalz würzen. Das Fleisch in der Bratbutter rasch anbraten, aus der Pfanne nehmen und beiseite stellen.

2

Einen Esslöffel Currypaste und die Kokosmilch in die Fleischpfanne gießen, gut rühren. Den Geflügelfond und das Lammfleisch zugeben, aufkochen, bei kleiner Hitze garen, bis das Fleisch weich und zart ist. Nun den Palmzucker, die restliche Currypaste und die Curry-Quitten unterrühren. Würzen. Limettenblätter und Koriander unterrühren.

Zum Rezept

Ein feuriges Gericht mit fernöstlichem Einschlag. Dazu Naturreis oder Bulghur servieren.

WILDLACHS
auf Quittenallerlei

400 g zarte grüne Bohnen
1 weiße Zwiebel, halbiert, in Streifen
1/4 Rezeptmenge Quitten-Kürbis-Chutney, Seite 84

Salatsauce
2 EL Balsamico-Essig
1 TL grobkörniger Senf
frisch gemahlener Pfeffer
Kräutermeersalz
3 EL natives Olivenöl extra
1 Zweig Bohnenkraut, fein gehackt

400 g Wildlachsfilet ohne Haut
Kräutermeersalz
frisch gemahlener weißer Pfeffer
Bratbutter/Butterschmalz
1/2 dl/50 ml Quittengelee, Seite 92
einige Spritzer Sojasauce

1

Den Stielansatz bei den grünen Bohnen entfernen, im Dampf knackig garen. Dann unter kaltem Wasser abschrecken und längs halbieren.

2

Den Wildlachs in gleichmäßig große Würfel schneiden. In der Bratbutter rundum braten. Das Quittengelee und die Sojasauce zugeben, bei schwacher Hitze 1 bis 2 Minuten kochen.

3

Grüne Bohnen, Zwiebeln und Quitten-Kürbis-Chutney auf Tellern anrichten. Die Sauce darüber träufeln. Den Wildlachs darauf anrichten.

ZANDER auf Lauch mit Quitten-Ingwer-Butter

1

Für die Quitten-Ingwer-Butter die Schalotten in der Butter langsam andünsten, den Quittenfond zugeben und 10 Minuten bei schwacher Hitze kochen. Kalbsfond, Lorbeerblatt, Pfefferkörner und Ingwer zugeben, aufkochen, auf etwa ein Drittel einkochen lassen. Die Sauce durch ein Chromstahlsieb passieren. Kurz vor dem Servieren abermals aufkochen, abschmecken mit Honig, Kräutersalz und Cayennepfeffer. Gekühlte Butterflocken mit dem Schneebesen unterrühren. Die Sauce nicht mehr kochen!

2

Die Hüllblätter und die zähen Blattteile beim Lauch entfernen, die Stangen zuerst quer, dann längs halbieren. Die Gemüsebrühe mit der Butter aufkochen, würzen. Den Lauch und die Quittenwürfelchen zur Brühe geben, bei kleiner Hitze weich garen.

3

Die Eier verquirlen. Sonnenblumenkerne, Kräuter und Eiweiß unterrühren.

4

Die Fischfilets mit Salz und Pfeffer würzen. Mit dem Mehl bestäuben. Die Filets in die Sonnenblumenkernmasse einpacken, gut andrücken. In der Bratbutter beidseitig langsam braten. Vor dem Aufschneiden zugedeckt einige Minuten ruhen lassen, damit sich das Eiweiß im Fisch festigen kann und es einen schönen Schnitt gibt.

5

Den Lauch aus der Brühe nehmen und auf vorgewärmten Tellern anrichten. Die Sauce darüber gießen. Die Zanderstücke auf dem Lauch anrichten.

Quitten-Ingwer-Butter

40 g Butter
1 Schalotte, fein gehackt
1 dl/100 ml Quittenfond, Seite 90
2 dl/200 ml Kalbsfond, Seite 53
6 Pfefferkörner
1 Lorbeerblatt
1 EL fein gehackter Ingwer
1 TL Honig
Kräutermeersalz
wenig Cayennepfeffer
40 g Butterflocken

Lauch-Quitten-Gemüse

400 g Lauch
200 g Quitten, klein gewürfelt; vorbereiten siehe Seite 24
1 dl/100 ml Gemüsebrühe
1 TL Butter
Kräutermeersalz
frisch gemahlener weißer Pfeffer

Zanderfilet

2 Freilandeier
100 g Sonnenblumenkerne, grob gehackt
2 EL fein gehackte Kräuter
1 EL leicht geschlagenes Eiweiß
500 g Zander, möglichst große Filets
2 EL Mehl
Meersalz
frisch gemahlener Pfeffer
Bratbutter/Butterschmalz

QUITTENTASCHEN
auf Quittensauce

für 24 Taschen

Teig
500 g mehlig kochende Kartoffeln
120 g Weizen- oder Dinkelweißmeh/Mehltype 405
40 g weiche Butter
2 Eigelbe von Freilandeiern
2 Prisen Meersalz

1 Ei zum Bestreichen
Puderzucker

Füllung
75 g Butter
60 g helle Brotbrösel
100 g Quittengelee, Seite 92
1 kleiner Boskoop, klein gewürfelt

Sauce
150 g Quittenkonfitüre, Seite 90
1 EL Rum
1 TL Zimtpulver

1

Für den Kartoffelteig die Kartoffeln schälen und klein würfeln, im Dampf weich garen. Noch heiß durch das Passevite/Flotte Lotte drehen, erkalten lassen. Dann restliche Zutaten untermischen, zu einem glatten Teig verarbeiten.

2

Für die Füllung die Brotbrösel in der Butter andünsten. Die Apfelwürfelchen und das Gelee unterrühren.

3

Kartoffelteig auf bemehlter Arbeitsfläche 2 mm dick ausrollen. Mit einem runden Ausstecher von etwa 6 cm Durchmesser 24 Rondellen ausstechen. Füllung auf die Rondellen verteilen. Die Teigränder mit dem Ei bepinseln, zusammenklappen, gut andrücken.

4

Für die Sauce die Quittenkonfitüre mit dem Rum und dem Zimt erwärmen.

5

In einem großen Kochtopf reichlich Salzwasser aufkochen. Die Quittentaschen darin bei schwacher Hitze 8 Minuten ziehen lassen. Mit einem Schaumlöffel herausnehmen, in den Brotbröseln wenden.

6

Die Quittensauce auf die Teller verteilen. Die Taschen darauf legen. Mit dem Puderzucker bestäuben.

Abbildung unten

Abbildung
oben: Vogelheu mit Quittenstäbchen, Rezept Seite 65
unten: Quittentaschen auf Quittensauce,
Rezept auf dieser Seite

Quitten-Reis-PFANNKUCHEN

150 g gegarter Natur-Rundkornreis
0,8 dl/80 ml Milch
2 Freilandeier
60 g Zucker
120 g Quittenwürfelchen, als Kompott, Seite 88
½ unbehandelte Zitrone, abgeriebene Schale
1 Prise Meersalz

Bratbutter/Butterschmalz

1

Sämtliche Zutaten gut vermengen.

2

In einer beschichteten Bratpfanne in wenig Bratbutter Pfannkuchen braten.

Tipp

Mit Quittenkompott, Seite 88, servieren. Dieses Gericht eignet sich sehr gut für die Verwertung von Reisresten.

QUITTENAUFLAUF

250 g Brioche
0,3 dl/30 ml lauwarme Milch
30 g Bratbutter/Butterschmalz

500 g feine Quittenspalten, als Kompott, gut abgetropft, Seite 88
30 g Sultaninen
1 unbehandelte Orange, davon Zesten
1 TL Zimtpulver
1 EL Rum
40 g Mandelstifte

Eierguss
3 Freilandeier
2 dl/200 ml Milch
30 g Zucker
1 Vanilleschote

weiche Butter für die Form
Puderzucker

1

Brioche in 5 mm dicke Scheiben schneiden. Mit der Milch beträufeln. Einige Minuten stehen lassen. Brotscheiben in der Bratbutter beidseitig goldgelb braten, auf Haushaltpapier abtropfen lassen.

2

Sultaninen, Orangenzesten, Zimt, Rum und Mandelstifte unter das Quittenkompott mischen.

3

Für den Guss Eier, Milch und Zucker verrühren. Die Vanilleschote aufschlitzen, das Mark abstreifen und zum Guss geben.

4

Den Backofen auf 180 °C vorheizen.

5

Eine ofenfeste Form oder vier Portionenförmchen mit Butter ausstreichen. Boden mit den Briocheschеiben bedecken. Die Hälfte des Quittenkompotts darauf verteilen. Mit den Briochescheiben bedecken. Das restliche Kompott darauf verteilen. Abschließen mit Briochescheiben. Den Eierguss darüber gießen.

6

Quittenauflauf im vorgeheizten Ofen bei 180 °C rund 10 Minuten backen. 10 Minuten ruhen lassen. Mit Puderzucker bestäuben.

Tipp

Mit einer Vanillesauce servieren.

VOGELHEU
mit Quittenstäbchen

6 Quitten
2 dl/200 ml Apfelsaft

300 g Einback, Brioche, Weggli oder Semmeln, 1 bis 2 Tage alt
100 g Bratbutter/Butterschmalz

4 dl/400 g Rahm/süße Sahne
2 Freilandeier
120 g heller, flüssiger Honig
1/2 unbehandelte Zitrone, abgeriebene Schale
2 EL Vanillezucker

1

Die Quitten mit einem trockenen Küchentuch abreiben und waschen. Früchte vierteln, entkernen, in Stäbchen schneiden. Im Apfelsaft weich garen.

2

Das Einback in 5 mm große Würfel schneiden, in der Bratbutter goldgelb rösten.

3

Rahm, Eier, Honig, abgeriebene Zitronenschale sowie Vanillezucker glatt rühren, mit den Quittenstäbchen und den Brotwürfelchen vermengen.

4

Das Vogelheu in einer beschichteten Bratpfanne in der Bratbutter unter ständigem Rühren braten, bis die Flüssigkeit gestockt ist.

5

Vogelheu auf Tellern anrichten. Mit Quittenkompott, Seite 88, servieren.

Tipp

Wenn das Vogelheu als Dessert serviert wird, reicht die halbe Menge.

Abbildung Seite 63, oben

LIWANZEN
mit Quittenkompott

20 g Butter
3 dl/300 ml Milch
30 g Akazienhonig
20 g Hefe
1 Vanilleschote
½ unbehandelte Zitrone, abgeriebene Schale
250 g Dinkel- oder Weizenweißmehl/Mehltype 405
2 Eigelbe von Freilandeiern
2 Eiweiß
1 Prise Meersalz
1 TL Bratbutter/Butterschmalz

Quittenkompott
1 kg Quitten
100 g Akazienhonig
1 dl/100 ml Apfelsaft
1 Zitrone, Saft
½ Zimtstange
2 EL Zucker
8 Korianderkörner, zerstoßen

1
Für den Teig die Butter schmelzen, die Milch und den Honig zugeben, leicht erwärmen. Die Hefe in der Honigmilch auflösen. Die Vanilleschote aufschlitzen, Mark abstreifen und zugeben. Zitronenschalen, Mehl und Eigelbe zugeben, zu einem glatten Teig rühren. Teig etwa 1 Stunde gehen lassen. Das Eiweiß mit einer Prise Salz zu Schnee schlagen, unter den Teig ziehen.

2
Die Quitten mit einem trockenen Küchentuch abreiben und waschen. Die Früchte schälen, vierteln und entkernen.

3
Etwa einen Viertel der Quitten mit dem Akazienhonig, dem Apfel- und dem Zitronensaft und der Zimtstange zu einem Püree kochen. Die Zimtstange entfernen. Die Früchte pürieren.

4
Die Quittenschalen samt Kerngehäuse mit 2 dl/200 ml Wasser aufkochen, den Zucker und die Korianderkörner zugeben, bei schwacher Hitze 10 Minuten kochen. Den Fond durch ein Sieb passieren.

5
Die restlichen Quitten klein würfeln, im Quittenfond weich garen. Zum Püree geben.

6
Aus dem Teig in einer beschichteten Bratpfanne in wenig Bratbutter Liwanzen von etwa 5 cm Durchmesser braten.

7
Die Liwanzen mit dem warmen Quittenkompott servieren. Auf dem Foto wurden aus dem Quittenkompott Klößchen geformt.

Abbildung, rechts aussen

Abbildung
oben: Reiskuchen mit Quittenstückchen, Rezept Seite 69
links: Fruchtstrudel, Rezept Seite 68
rechts: Liwanzen mit Quittenkompott-Klößchen, Rezept auf dieser Seite

FRUCHTSTRUDEL

für 5 bis 6 Personen

Strudelteig
150 g Dinkel- oder Weizen-weißmehl/Mehltype 405
1 Prise Meersalz
1 Freilandei
1 TL Distelöl
0,6 dl/60 ml Wasser

Butterbrösel
40 g Butter
100 g Vollkornbrotbrösel
1 TL Zimtpulver
30 g Vollrohrzucker

Füllung
150 g Äpfel
60 g getrocknete Aprikosen und Zwetschgen
150 g Quitten, als Kompott, abgetropft, Seite 88
1 Zitrone, Saft
1 Prise Zimtpulver
30 g Vollrohrzucker
einige Baumnuss-/Walnusskerne, gehackt und geröstet
1 EL Quittenlikör, Seite 91

flüssige Butter zum Einpinseln

1

Für den Strudelteig das Mehl und das Salz mischen. Das Ei und das Distelöl unterrühren. So viel Wasser nach und nach unter das Mehl arbeiten, bis der Teig weich und elastisch ist. Eine Kugel formen und diese mit Öl einpinseln. An einem warmen Ort zugedeckt 1 Stunde ruhen lassen.

2

Die Brotbrösel in der Butter rösten. Den Zimt und den Zucker zugeben, unter Rühren karamellisieren.

3

Für die Füllung die Äpfel schälen, vierteln und entkernen, die Viertel feinblättrig schneiden. Getrocknete Aprikosen und Zwetschgen klein würfeln. Früchte mit den übrigen Zutaten unter das Quittenkompott rühren. 10 Minuten ziehen lassen.

4

Den Backofen auf 190 °C vorheizen.

5

Den Strudelteig auf bemehlter Arbeitsfläche ausrollen. Auf einem bemehlten Küchentuch von Hand möglichst dünn ausziehen, indem man mit dem Handrücken immer wieder unter den Teig fasst und diesen langsam und gleichmäßig dehnt und zieht. Wenn der Teig sehr trocken ist, zwischendurch mit flüssiger Butter bepinseln. Am Schluss die Teigränder gerade schneiden. Butterbrösel auf den Teig verteilen, 3 bis 4 cm Rand auf allen Seiten frei lassen. Die Füllung auf die Brotbrösel verteilen. Die Teigenden einschlagen. Den Strudel durch anheben des Tuches einrollen. Strudel mit dem Teigende unten auf ein mit Backpapier belegtes Blech legen. Mit flüssiger Butter bepinseln.

6

Den Strudel im vorgeheizten Ofen bei 190 °C 15 bis 20 Minuten backen.

Tipp

Nach Belieben mit einer Vanille- oder Fruchtsauce servieren.

Abbildung Seite 67, links

REISKUCHEN
mit Quittenstückchen

für eine Springform von
20 cm Durchmesser

200 g Mürbeteig

350 g Quitten
1 dl/100 ml Apfelsaft

80 g Rundkornreis
2,5 dl/250 ml Milch
1 Prise Meersalz
1 Vanilleschote
30 g Butter
1 unbehandlete Zitrone, abgeriebene Schale

3 Eigelbe von Freilandeiern
50 g Honig
30 g Quittendicksaft, Seite 91

3 Eiweiß
1 TL Puderzucker

Puderzucker für die Garnitur

1

Die Quitten mit einem trockenen Küchentuch abreiben und waschen. Die Früchte schälen, vierteln und entkernen. Quittenviertel klein würfeln. Die Würfelchen im Apfelsaft weich garen, mit einem Schaumlöffel herausnehmen. Den Apfelsaft köcheln lassen, bis er bindet. Die Würfelchen wieder zufügen.

2

Rand und Boden der Springform mit Butter einstreichen. Den Teig auf die Größe der Form ausrollen, groß genug, um den Boden und den Rand auszukleiden. Den Teig in die Form legen.

3

Den Reis mit kochendem Wasser übergießen, in ein Sieb geben und unter kaltem Wasser abspülen. Reis, Milch, Salz, aufgeschlitzte Vanilleschote, Butter und Zitronenschalen aufkochen, Reis bei schwacher Hitze weich garen, rund 30 Minuten. Wenig abkühlen lassen. Vanillemark abstreifen und unter den Reis mischen, die Schotenhälften entfernen.

4

Eigelb, Honig und Quittendicksaft luftig aufschlagen, unter die noch warme Reismasse rühren.

5

Den Backofen auf 180 °C vorheizen.

6

Das Eiweiß mit dem Puderzucker zu Schnee schlagen, unter den Reis ziehen.

7

Die Hälfte der Reismasse auf den Teigboden streichen. Quittenwürfelchen darauf verteilen. Mit dem restlichen Reis zudecken.

8

Den Reis-Quitten-Kuchen im vorgeheizten Ofen bei 180 °C etwa 1 Stunde backen. Nach Belieben mit Puderzucker bestäuben.

Variante

Die Reismasse lässt sich ohne Teig als Reisauflauf backen. Dazu Quittenmus servieren.

Abbildung Seite 67, oben

GETREIDESALAT
mit Kefir und Quitten

1

Den Apfel waschen, vierteln, entkernen und in feine Spalten schneiden. Die Quittenspalten eventuell quer halbieren.

2

Den Quittendicksaft unter den Kefir rühren. Äpfel, Quitten und Getreide zugeben. Mit der Pfefferminze garnieren.

Zum Rezept

Dieses einfache Rezept ist verwandlungsfähig. Anstelle des Kefir kann man Jogurt oder Sauermilch verwenden. Der Quittendicksaft kann durch Honig oder Birnendicksaft ersetzt werden. Auch bei den Früchten darf variiert werden.

Einkorn

Urgetreide. Erhältlich im Bioladen und im Reformhaus.

1 Apfel
150 g Quittenspalten, als Kompott, abgetropft, Seite 88
4 EL Quittendicksaft, Seite 91
2–3 dl/200-300 ml Kefir
80 g gekochte Einkorn-, Dinkel- oder Weizenkörner
6 Pfefferminzblättchen, in Streifen

MANDEL-CLAFOUTIS
mit Quitten

1

Den Backofen auf 180 °C vorheizen. Eine ofenfeste Form mit weicher Butter ausstreichen.

2

Die Eier mit dem Honig luftig aufschlagen. Mandellikör, Mandeln und Zwieback unterrühren. Das Mehl löffelweise unterrühren. Den Rahm zugeben.

3

Ein Drittel der Biskuitmasse in die Form füllen, glatt streichen. Mit einem Teil der Quitten belegen. Restliche Teigmasse darüber verteilen. Die restlichen Quittenspalten in den Teig stecken. Mit dem Quittendicksaft bepinseln.

4

Clafoutis im vorgeheizten Ofen bei 180 °C rund 40 Minuten backen. Mit Puderzucker bestäuben. Warm servieren.

Abbildung

4 Freilandeier
60 g flüssiger Honig
1 EL Mandellikör
20 g geschälte, geriebene Mandeln
20 g geriebener Zwieback
80 g Dinkel- oder Weizenweißmehl/Mehltype 405
1/2 dl/50 g Rahm/süße Sahne

500 g Quittenspalten, als Kompott, Seite 88
1 EL Quittendicksaft, Seite 91

Puderzucker zum Bestäuben

HERBSTFRÜCHTE
an Rotweinsauce mit Zimtparfait

3 dl/300 ml kräftiger Rotwein
1 dl/100 ml Saft vom Quitten-kompott
1 Zimtstange
200 g Zucker
300 g Quittenspalten, als Kompott, Seite 88
300 g gefrorene Marroni/Kastanien

Zimtparfait
70 g Akazienhonig
3 Eigelbe von Freilandeiern
1 Freilandei
1 EL Zimtpulver
2,5 dl/250 g Rahm/süße Sahne
1 unbehandelte Orange, davon Zesten

1

Den Rotwein und den Quittensaft mit der Zimtstange aufkochen.

2

Den Zucker in einem Gusseisentopf bei mittlerer Hitze nicht zu braun karamellisieren, den heißen Rotwein-Quitten-Saft aufgießen, bei schwacher Hitze kochen, bis sich der Zucker vollständig aufgelöst hat. Die Marroni zugeben, bei schwacher Hitze weich garen, 10 bis 15 Minuten. Die Marroni abgießen, den Fond auffangen und auf zwei Drittel einkochen lassen. Quittenspalten und Kastanien zum Fond geben, zugedeckt erkalten lassen.

3

Die Parfaitförmchen oder eine große Form im Tiefkühler vorkühlen.

4

Für das Parfait Akazienhonig, Eigelbe, Ei und Zimtpulver über dem kochenden Wasserbad luftig aufschlagen. Im Eiswasser (dem Wasser einige Eiswürfel zugeben) kalt schlagen. Den steif geschlagenen Rahm unterziehen. Die Orangenzesten unterrühren. Die Parfaitmasse in die vorgekühlten Förmchen füllen, im Tiefkühler gefrieren lassen.

5

Die Quitten und die Kastanien zusammen mit der Rotweinsauce anrichten. Das Zimtparfait darauf stürzen.

Abbildung, unten

Abbildung
oben: Dreierlei Nudeln mit Zabaione und Nüssen, Rezept Seite 75
unten: Herbstfrüchte an Rotweinsauce mit Zimtparfait, Rezept auf dieser Seite

GUGELHUPF
mit Quittenwürfelchen

für eine mittelgroße
Gugelhupfform

Teig
30 g Hefe
2 dl/200 ml zimmerwarme Milch
50 g flüssiger Honig
2 Eigelbe von Freilandeiern
1 unbehandelte Zitrone,
abgeriebene Schale
1 Prise Meersalz
400 g Weizen- oder Dinkelweißmehl/Mehltype 405
70 g flüssige Butter

flüssige Butter zum Bepinseln

Füllung
60 g Baum-/Walnüsse,
grob gehackt
30 g Sultaninen
100 g Quitten, als Kompott,
klein gewürfelt, Seite 88
2 EL Zimtpulver
30 g flüssiger Honig

1

Hefe in der Milch auflösen. Honig, Eigelbe, Zitronenschalen und Salz unterrühren. Das Mehl und die flüssige Butter unterrühren. Den Teig während 10 bis 15 Minuten gut kneten, zugedeckt 30 Minuten gehen lassen.

2

Den Hefeteig noch einmal gut durchkneten, noch einmal 30 Minuten gehen lassen. Ein weiteres Mal gut kneten und gehen lassen.

3

Den Hefeteig auf der Arbeitsfläche fingerdick ausrollen. Mit flüssiger Butter bepinseln.

4

Den Backofen auf 180 °C vorheizen. Die Gugelhupfform mit weicher Butter gut einbuttern.

5

Nüsse, Sultaninen, gut abgetropfte Quittenwürfelchen, Zimt sowie Honig mischen. Auf den Teig verteilen. Das Teigblatt satt einrollen und in die gebutterte Form legen. Abermals gehen lassen.

6

Den Gugelhupf im vorgeheizten Ofen bei 200 °C 50 Minuten backen. 5 bis 10 Minuten ruhen lassen. Stürzen.

Dreierlei NUDELN mit Zabaione und Nüssen

Schokonudeln
70 g Dinkel- oder Weizenweißmehl/Mehltype 405
30 g Weizendunst
15 g Puderzucker
30 g Kakaopulver
1/2 Vanilleschote
2 Freilandeier

2 EL Rahm/süße Sahne

Quittenstreifen
500 g Quitten
100 g Honig
1 dl/100 ml trockener Weißwein
1 dl/100 ml kräftiger Rotwein
1 EL Randen-/Rote-Bete-Saft
2–3 Scheiben Ingwerwurzel

Zabaione
2 Eigelbe von Freilandeiern
1,5 dl/150 ml Quittenfond, Seite 90
1 Vanilleschote, aufgeschnitten
1 EL Quittenlikör, Seite 91

Nusskrokant
80 g Puderzucker
80 g Haselnüsse, grob gehackt

Abbildung Seite 73, oben

1
Für die Nudeln sämtliche Zutaten zu einem glatten Teig verarbeiten. Im Kühlschrank zugedeckt 1 Stunde ruhen lassen.

2
Teig auf bemehlter Arbeitsfläche oder mit der Nudelmaschine in ein möglichst langes Rechteck von 5 mm Dicke ausrollen. Die Ränder gerade schneiden. Nudeln von 10 bis 15 mm Breite schneiden.

3
Die Quitten mit einem trockenen Küchentuch abreiben. Die Früchte waschen und schälen. Mit dem Sparschäler vom Stiel gegen die Fliege hin dünne Streifen abziehen, bis das Kerngehäuse sichtbar wird.

4
Quittenschalen und Kerngehäuse mit der Hälfte des Honigs und dem Weißwein aufkochen, 10 Minuten ziehen lassen, durch ein feines Sieb passieren. Die Hälfte der Quittenstreifen im Fond weich garen, herausnehmen und auf einem Tuch trocknen lassen.

5
Rotwein, Randensaft, Ingwer und restlichen Honig aufkochen, die restlichen Quittenstreifen darin weich kochen, aus dem Fond nehmen, trocknen lassen.

6
Für die Zabaione Eigelb, Quittenfond, ausgekratztes Vanillemark sowie Quittenlikör im leicht kochenden Wasserbad luftig aufschlagen.

7
Für den Krokant den Zucker in einer Gusseisenpfanne hellbraun karamellisieren, Haselnüsse zugeben, sofort von der Wärmequelle nehmen. Den noch heißen Krokant auf eine geölte Platte geben und mit dem Nudelholz flach drücken. Den erkalteten Krokant im Mörser fein zerstoßen.

8
Die Nudeln in schwach gesalzenem Wasser al dente kochen. Zwei Esslöffel Wasser entnehmen. Die Nudeln abgießen.

9
Die 2 Esslöffel Nudelkochwasser und die 2 Esslöffel Rahm aufkochen. Alle Nudeln zugeben und vermengen, erwärmen.

10
Nudeln in einem Suppenteller anrichten. Die Zabaione darüber gießen. Mit dem Krokant bestreuen.

QUITTENCREME «katalanische Art»

3 Eigelbe von Freilandeiern
1 TL Maisstärke
2 EL Quittendicksaft, Seite 91
1,5 dl/150 ml Quittensirup, Seite 91
1,5 dl/150 ml Apfelsaft
1 EL Orangensaft
1 TL Agar-Agar-Pulver

Zucker

1

Eigelbe, Maisstärke und Quittendicksaft glatt rühren.

2

Quittensirup, Apfel- und Orangensaft mit dem Agar-Agar-Pulver glatt rühren, aufkochen. Den heißen Fruchtsaft unter Rühren zum Eigelb geben. Die Creme zurück in die Pfanne gießen, unter ständigem Rühren bei schwacher Hitze dicklich einkochen. Die Creme durch ein feines Sieb passieren, in 4 flache Cremeschalen verteilen. Zugedeckt erkalten, anschließend im Kühlschrank gut durchkühlen lassen.

3

Gekühlte Creme mit Zucker bestreuen und mit einem Bunsenbrenner oder Brenneisen abflämmen.

Karamell

Ohne Bunsenbrenner oder Brenneisen kann dieses Rezept leider nicht zubereitet werden, da der Zucker im Backofen selbst bei starker Oberhitze nicht karamellisiert.

Variante

Die kalte Creme in einer Schüssel mit dem Handrührgerät luftig aufschlagen, mit Schlagrahm verfeinern.

Abbildung oben

QUITTENGRÜTZE

2 dl/200 ml Quittensirup, Seite 91
6 dl/600 ml Apfelsaft
1 EL Quittendicksaft, Seite 91
1/2 Zimtstange
1/2 Sternanis
6 Lindenblüten oder ein Teebeutel Lindenblütentee
1 TL Agar-Agar-Pulver
1 Orange, Saft
300 g Quittenspalten, als Kompott, Seite 88

1 Becher (180 g) Jogurt natur
1 EL Birnendicksaft
1 Vanilleschote oder
1/2 TL Vanillezucker

1

Quittensirup, Apfelsaft und Quittendicksaft sowie Zimtstange, Sternanis und Lindenblüten aufkochen. 5 Minuten auf der ausgeschalteten Wärmequelle zugedeckt ziehen lassen. Passieren.

2

Das Agar-Agar-Pulver unter den Fruchtsaft rühren, aufkochen, 2 bis 3 Minuten bei kleiner Hitze köcheln lassen. Etwas abkühlen lassen.

3

Die Quittenspalten und den Fruchtsaft in Dessertschalen oder in Gläser verteilen. Den Jogurt mit dem Birnendicksaft und dem ausgekratzten Vanillemark verrühren, auf die Grütze verteilen.

Abbildung unten

Brot-Quitten-**PUDDING** mit Zabaione

für 6 Personen
für 6 Puddingförmchen
von 1 dl/100 ml Inhalt

60 g Quittenspalten, als Kompott, Seite 88
60 g Vollkornbrotbrösel
1/2 dl/50 ml Milch
75 g Butter
0,6 dl/60 ml Quittendicksaft, Seite 91
2 Eigelbe von Freilandeiern
90 g grob gehackte Baum-/Walnüsse
1/2 unbehandelte Zitrone, davon Zesten
1 Msp Zimtpulver
Koriander aus der Mühle (6 Umdrehungen)
1 EL Quittenlikör, Seite 91
1 TL Zitronensaft
1 Prise Meersalz
2 Eiweiß

Butter für die Förmchen
Vollkornbrotbrösel für die Förmchen

Quittenspalten, als Kompott, Seite 88

Glühwein-Zabaione
1 Eigelb von einem Freilandei
0,8 dl/80 ml gesüßter Glühwein

1

Eier und Butter etwa eine Stunde vor der Zubereitung aus dem Kühlschrank nehmen. Den Backofen auf 200 °C vorheizen. Ein Wasserbad für 6 Förmchen bereit stellen.

2

Die Quittenspalten klein würfeln.

3

Porzellan-Puddingförmchen oder Mokkatassen mit der Butter ausstreichen und mit den Brotbröseln ausstreuen; dazu ein Förmchen zu 3/4 mit den Brotbröseln füllen und den restlichen Inhalt ins nächste Förmchen umfüllen.

4

Die Brotbrösel in der Milch einweichen.

5

Die weiche Butter und den Quittendicksaft luftig aufschlagen. Die Eigelbe zugeben und kurz weiter schlagen. Eingeweichte Brotbrösel, Nüsse, Quittenwürfelchen, Zitronenschalen, Zimt, Koriander, Quittenlikör und Zitronensaft unterrühren. Das Eiweiß mit einer Prise Salz zu Schnee schlagen und sorgfältig unter die Masse ziehen. Die vorbereiteten Förmchen zu 3/4 füllen.

6

Den Pudding im vorgeheizten Ofen bei 200 °C im Wasserbad rund 30 Minuten backen.

7

Für die Zabaione das Eigelb und den Glühwein im leicht kochenden Wasserbad luftig aufschlagen, im Eiswasser (dem Wasser einige Eiswürfel beigeben) kalt schlagen. Eine so zubereitete Zabaione behält ihr Volumen für einige Zeit.

8

Den noch warmen Pudding am Rand lösen und auf Teller stürzen. Die Quittenspalten und die Zabaione dazugeben.

Chili-Quitten

500 g Quitten
4 dl/400 ml Wasser
150 g Zucker
1 frische rote Chilischote, aufgeschnitten
1 Lorbeerblatt
1 Limette, Saft
1 TL Meersalz

1
Die Quitten mit einem trockenen Küchentuch abreiben und waschen. Die Früchte schälen, vierteln und entkernen. Die Fruchtviertel würfeln.

2
Die Quitten mit den übrigen Zutaten aufkochen, bei schwacher Hitze kochen, bis die Quitten weich sind.

3
Die Chili-Quitten in vorgewärmte Vorratsgläser füllen, sofort verschließen.

Curry-Quitten

600 g Quitten
4 dl/400 ml Wasser
150 g Zucker
1 Zwiebel, fein gehackt
1 Zitronengrasstängel
1 Stück Ingwerwurzel
$^1/_2$ TL Currypaste oder –pulver
1 Zweig Koriander
1 TL Meersalz

1
Die Quitten mit einem trockenen Küchentuch abreiben und waschen. Die Früchte schälen, vierteln, entkernen. Die Fruchtviertel in Stäbchen schneiden.

2
Die Quittenstäbchen mit den übrigen Zutaten aufkochen, bei schwacher Hitze kochen, bis die Quitten weich sind.

3
Die Curry-Quitten in vorgewärmte Vorratsgläser füllen und sofort verschließen.

Verwendung
Für Gemüse-Eintöpfe, zu Salat, als Geschmackgeber in Curry-Gerichten.

Süßsaure Quitten

600 g Quitten
1/2 l Zitronenwasser
400 g Zucker
4 dl/400 ml Weißweinessig
1/2 Zimtstange
1 TL fein gehackte Ingwerwurzel
2 Nelken

1
Die Quitten mit einem trockenen Küchentuch abreiben und waschen. Die Früchte schälen, vierteln und entkernen. Die Viertel in feine Spalten schneiden. Die Spalten in das Zitronenwasser einlegen, damit sie sich nicht braun verfärben.

2
Den Zucker und den Essig aufkochen. Die Quittenspalten aus dem Zitronenwasser nehmen, zum Sud geben, bei schwacher Hitze kochen, bis die Früchte fast weich sind. Abschäumen. Den Fond abgießen und auffangen.

3
Den Fond zusammen mit den Gewürzen aufkochen, wenig einkochen lassen, über die Quitten gießen.

4
Am nächsten Tag den Fond abgießen und auffangen, aufkochen und lauwarm wieder zu den Quitten geben. Diesen Vorgang noch während zwei Tagen wiederholen.

5
Die Quitten erhitzen, in vorgewärmte Vorratsgläser füllen und sofort verschließen.

Abbildung Seite 83

Scharfes Quitten-Kichererbsen-Chutney

1 kg Quitten
100 g Kichererbsen
80 g Zucker
200 g Quittenpüree, Seite 94
1 EL klein gewürfelter Ingwer
1 Zitronengrasstängel
2 kleine rote Chilschote, aufgeschnitten und entkernt
Kräutermeersalz

1

Die Kichererbsen über Nacht in reichlich kaltem Wasser einlegen. Das Wasser am nächsten Tag abgießen. Erbsen mit frischem Wasser aufkochen, bei schwacher Hitze rund 50 Minuten garen, bis die Erbsen weich sind. Abgießen.

2

Die Quitten mit einem trockenen Küchentuch abreiben und waschen. Die Früchte vierteln und entkernen. Fruchtviertel in dicke Spalten schneiden.

3

400 g Quittenstücke unter Zugabe von wenig Wasser weich garen. Pürieren.

4

Quittenschalen, Kerngehäuse und restliche Quitten mit einem Liter Wasser aufkochen, bei schwacher Hitze 2 Stunden kochen. Den Topfinhalt passieren, den Fond auffangen. Bei starker Hitze auf 2 dl/200 ml einkochen.

5

Zucker am besten in einem Gusseisentopf leicht karamellisieren, den Quittenfond (2 dl/200 ml) angießen, aufkochen. Quittenpüree, Ingwer, Chilischoten und Zitronengras zugeben. Kichererbsen unterrühren, bei schwacher Hitze 10 Minuten kochen. Mit Kräutersalz abschmecken. Chutney in vorgewärmte Vorratsgläser füllen und sofort verschließen.

Abbildung

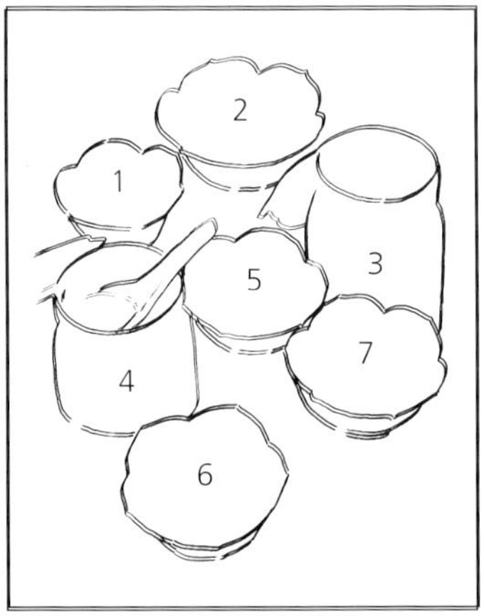

1 Quitten-Zwetschgen-Chutney, Rezept Seite 85
2 Quitten-Kürbis-Chutney, Rezept Seite 84
3 Quitten-Kumquat-Chutney, Rezept Seite 86
4 Quitten-Meerrettich-Chutney, Rezept Seite 84
5 Scharfes Quitten-Kichererbsen Chutney, Rezept auf dieser Seite
6 Süßsaure Quitten, Rezept Seite 81
7 Quitten-Apfel-Chutney, Rezept Seite 85

Quitten-Kumquat-Chutney

500 g Quittengelee, Seite 92
500 g Kumquats
2 Granatäpfel
30 g Ingwerwürfelchen
1 Msp Cayennepfeffer
1/2 dl/50 ml Portwein
1 EL Sojasauce

1

Die Kumquats waschen. Stiel- und Blütenansatz wegschneiden, die Früchte in feine Scheiben schneiden, entkernen.

2

Die Granatäpfel aufbrechen und die Kerne herauslösen.

3

Quittengelee und Ingwer aufkochen, Kumquats zugeben und weich garen. Granatapfelkerne zugeben, nochmals aufkochen. Mit Cayennepfeffer, Portwein sowie Sojasauce abschmecken. Das Chutney in vorgewärmte Vorratsgläser füllen, sofort verschließen.

Abbildung, Seite 83

Rotes Quitten-Kompott

500 g Quitten
3 dl/300 ml Apfelsaft
2 dl/200 ml Randen-/Rote-Bete-Saft
4 dünne Scheiben Meerrettich
1 TL Honig
1 TL Meersalz

1

Die Quitten mit einem trockenen Küchentuch abreiben und waschen. Die Früchte schälen, vierteln und entkernen. Die Fruchtviertel in kleine Würfel schneiden.

2

Quitten, Apfel- und Randensaft mit den Gewürzen aufkochen, bei schwacher Hitze kochen, bis die Früchte weich sind.

3

Das Kompott in vorgewärmte Gläser füllen, sofort verschließen.

Variante

Apfel- und Randensaft durch Karottensaft ersetzen.

Tipp

Die ideale Beilage zu Siedfleisch/Suppenfleisch und Salat. Für einen Salat die Flüssigkeit abgießen und Quitten mit Essig, kalt gepresstem Öl, Kräutersalz und Pfeffer marinieren.

Quittenkompott mit Vanille

1 kg Quitten
1 l Wasser
1 Vanilleschote, aufgeschnitten
400 g Zucker
2 dl/200 ml Apfelsaft, naturtrüb
2 dl/200 ml trockener Weißwein

1

Die Quitten mit einem trockenen Küchentuch abreiben und waschen. Die Früchte schälen, vierteln und entkernen. Die Fruchtviertel nach Belieben in Spalten, Stäbchen oder Würfelchen schneiden.

2

Die Quitten mit dem Wasser und der Vanilleschote aufkochen, bei schwacher Hitze kochen, bis sie «al dente» sind.

3

Die Quitten mit einem Schaumlöffel aus dem Fond nehmen und in vorgewärmte Vorratsgläser füllen.

4

Den Quittenfond durch ein Sieb passieren.

5

Quittenfond, Zucker, Apfelsaft, Vanilleschote und Weißwein unter Rühren aufkochen. Die vorgewärmten Vorratsgläser bis zum Rand mit dem Fond füllen. Den Glasrand reinigen, das Glas sofort verschließen. Auf den Kopf stellen, auskühlen lassen.

Variante

Für ein Quittenkompott mit Zimt die Vanilleschote durch eine Zimtstange ersetzen. Für ein pikantes Kompott Vanilleschote und Zucker weglassen.

Abbildung 2 und 5

1 Quitten-Feigen-Mus, Rezept Seite 90
2 Quittenkompott, auf dieser Seite
3 Quittenkonfitüre mit Quittenwürfelchen, Rezept Seite 90
4 Quittenkonfitüre, Rezept Seite 90
5 Quittenkompott mit Zimt, Rezept auf dieser Seite

Quitten-Feigen-Mus

400 g frische Feigen
70 g Vollrohrzucker
2 dl/200 ml kräftiger Rotwein
1/2 getrocknete Chilischote
5 Wacholderbeeren
1 Sternanis
300 g Quittenpüree, Seite 94
60 g Birnendicksaft
1 EL Zitronensaft
1 dünne Scheibe Ingwerwurzel

1

Die Feigen schälen und nicht zu klein würfeln.

2

Den Zucker am besten in einem Gusseisentopf karamellisieren, den Rotwein angießen. Die Gewürze zugeben, aufkochen, bei schwacher Hitze auf die Hälfte einkochen, passieren.

3

Rotweinjus, Feigen und Quittenpüree unter ständigem Rühren erhitzen, Birnendicksaft und Zitronensaft unterrühren. Das Mus in einer Schüssel abkühlen lassen.

Abbildung 1, Seite 89

Quittenkonfitüre

3 kg Quitten
2,5 l Wasser
500 g Zucker
2 Orangen, davon Saft

Quittenfond

1 kg Schalen und Kerngehäuse
1 l Wasser

1

Die Quitten mit einem trockenen Küchentuch abreiben und waschen. Die Früchte schälen, vierteln und entkernen. Die Fruchtviertel in Stücke schneiden.

2

Für den Fond die Quittenschalen und die Kerngehäuse in einem großen Kochtopf mit der gleichen Menge Wasser (z. B. 1 kg Fruchtabschnitte und 1 Liter Wasser; mit Früchten ergänzen, wenn das Verhältnis nicht stimmt) aufkochen, einige Stunden bei kleiner Hitze köcheln lassen. Den Topfinhalt abgießen und den Fond auffangen. Die Fruchtabfälle leicht ausdrücken.

3

Die Quittenstücke mit dem Wasser (2,5 l) aufkochen, bei kleiner Hitze weich garen. Die Quitten sind gar, wenn man sie zwischen den Fingern zerdrücken kann. Die Quitten abgießen und durch das Passevite/die Flotte Lotte (kleine Lochung) drehen.

4

Quittenpüree, Zucker, Orangensaft und 2 dl/200 ml Quittenfond unter ständigem Rühren aufkochen und kochen lassen, bis die Konfitüre zähflüssig ist und vom Kochlöffel reißt. In vorgewärmte Vorratsgläser füllen, sofort verschließen.

Abbildung 4, Seite 89

Quittensirup

1 l Quittenfond von Schalen und Kerngehäuse, Seite 90
200 g Zucker
1 Sternanis
2 Gewürznelken

1
Sämtliche Zutaten aufkochen und 30 Minuten bei schwacher Hitze kochen.

2
Den Sirup passieren, in vorgewärmte Flaschen füllen, sofort verschließen.

Abbildung 2, Seite 93

Quittendicksaft

1 l Quittenfond von Schalen und Kerngehäuse, Seite 90

Den Quittenfond ohne Zucker bei schwacher Hitze unter gelegentlichem Rühren mehrere Stunden kochen, bis der Saft von honigähnlicher Konsistenz ist. In vorgewärmte Vorratsgläser füllen, sofort verschließen.

Abbildung 1, Seite 93

Quittenlikör

1 kg Quitten
300 g Zucker
4 dl/400 ml Kirschwasser
1 Sternanis
2 unbehandelte Zitronen, abgeriebene Schale
2 EL fein geriebener Ingwer

1
Die Quitten mit einem trockenen Küchentuch abreiben und waschen. Die Früchte auf der Bircher-Rohkostreibe reiben, mit dem Zucker vermengen. 24 Stunden stehen lassen.

2
Die geriebenen Quitten durch ein Sieb drücken, den Saft auffangen.

3
Quittensaft mit den übrigen Zutaten in eine Flasche mit Verschluss füllen. Flasche 14 Tage an einem hellen Ort stehen lassen. Täglich einmal kräftig schütteln.

4
Den Flascheninhalt filtrieren, d. h. durch ein feines Tuch oder einen Kaffeefilter aus Papier laufen lassen.

Abbildung 3, Seite 93

Quittengelee mit Gelierzucker

Quittenfond, Gelierzucker und Orangenschalen aufkochen, 10 Minuten bei schwacher Hitze kochen. Das Gelee eventuell passieren. In vorgewärmte Vorratsgläser füllen, sofort verschließen.

1 l Quittenfond von Schalen und Kerngehäuse, Seite 90
800 g Gelierzucker
½ unbehandelte Orange, abgeriebene Schale

Quittengelee mit Zucker

Quittenfond und den Zucker unter gelegentlichem Rühren aufkochen, bei starker Hitze so lange kochen, bis ein Quittentropfen am Kochlöffel hängen bleibt oder das Gelee auf dem Teller erstarrt. Gelee eventuell passieren, in vorgewärmte Vorratsgläser füllen, sofort verschließen.

Abbildung

1 l Quittenfond von Schalen und Kerngehäuse, Seite 90
75 g Zucker

1 Quittendicksaft, Rezept Seite 91
2 Quittensirup, Rezept Seite 91
3 Quittenlikör, Rezept Seite 91
4 Quittengelee, auf dieser Seite
5 Quittenpaste, Rezept Seite 94

Quittenpüree

2 kg Quitten
1,5–2 l Wasser
100 g Zucker

1
Die Quitten mit einem trockenen Küchentuch abreiben. Die Früchte schälen, vierteln und entkernen. Die Fruchtviertel in Stücke schneiden.

2
Die Quitten mit dem kalten Wasser aufsetzen, Zucker zugeben, aufkochen, bei schwacher Hitze weich garen. Die Quitten sind gar, wenn man sie zwischen den Fingern zerdrücken kann.

3
Die Quitten durch das Passevite/die Flotte Lotte (feine Lochung) drehen, eventuell noch durch ein Sieb streichen. Nochmals aufkochen. Püree in vorgewärmte Vorratsgläser füllen, sofort verschließen.

Quittenpaste

1 kg Quittenpüree, Rezept oben
200 g Birnendicksaft
200 g Zucker
$^1/_2$ dl/50 ml Zitronensaft

1
Das Quittenpüree mit den übrigen Zutaten aufkochen, unter ständigem Rühren köcheln lassen, bis sich die Masse vom Topfboden löst.

2
Die heiße Paste 2 cm hoch auf ein Pergamentpapier streichen, auskühlen lassen.

3
Aus der Quittenpaste beliebige Formen ausstechen oder schneiden. Im Zucker wenden.

Tipp
Beim Kochen der Quittenpaste braucht man Geduld. Die Masse muss ständig gerührt werden, damit sie nicht anbrennt. Am besten eine beschichtete Pfanne/beschichteten Topf verwenden.

Verwendung
Zum Naschen, als Dessert, als Mitbringsel.

Getrocknete Quitten

1

Die Quitten mit einem trockenen Küchentuch abreiben und waschen. Die Früchte schälen, vierteln und entkernen. Die Fruchtviertel in 10 mm dicke Spalten schneiden.

2

Weiche Quitten können roh getrocknet werden. Nicht voll ausgereifte Quitten sind etwas hart und müssen im Birnendicksaft oder Honigsirup (auf 1 l Wasser kommen 40 g Birnendicksaft/Honig) 4 bis 5 Minuten gekocht werden.

3

Die Quittenspalten einlagig auf Gitter legen und bei konstanter Temperatur von etwa 65 °C trocknen.

4

Dörrvorgang öfters kontrollieren. Die Quittenspalten mehrmals umschichten. Frische Früchte immer unten einschieben. Die Dörrzeit beträgt 8 bis 24 Stunden. Gelegentlich mit Fingerdruck kontrollieren. Die Früchte sollen noch weich und elastisch, aber nicht matschig sein. Zur Probe ein Stück aufschneiden. Wenn die Fruchtstücke in der Mitte noch einen hellen Streifen haben, müssen sie weiter getrocknet werden.

5

Getrocknete Quitten gut auskühlen und bei Zimmertemperatur zwischen zwei Tüchern ein paar Tage offen ruhen und austrocknen lassen. In gut schließenden Dosen aus beschichtetem Blech oder Kunststoff lagern. Der Lagerort soll trocken, nicht zu warm und staubfrei sein. Während den ersten paar Wochen gelegentlich kontrollieren, ob die Quitten nachfeuchten, was zu Schimmelbefall führen könnte. In diesem Fall müssen die Quitten nachgetrocknet werden.

monsieur-b.com

www.12bis.com

Dépôt légal : mars 2013
ISBN : 978-2-35648-456-7
Achevé d'imprimer en allemagne en février 2013
par l'imprimerie himmer